だいわ文庫

どんな本でも大量に読める「速読」の本

宇都出雅巳

大和書房

文庫化に寄せて

「速読」と聞いて「結局、飛ばし読みでしょ」「普通の人にはできないよ」「右脳とかなんとか怪しげだし……」と思っていませんか？

これまでに速読法を学んだことがある人は、「ひたすら眼の訓練が必要なんですよね」「簡単な本には使えても、難しい専門書では無理でしょう」と疑っているかもしれません。私自身、以前はそう思っていました。

ただ、そう思いながらも、「もっと本を読みたい！　速く読みたい！」という強い願いから、さまざまな速読を学び、実践し続けてきました。もう30年近くになります。

その結果「だれでも、どんな本でも速読できる方法」にたどりつきました。この本では、そのすべてを紹介・解説しています。

私の速読法には、右脳や潜在意識といった話は出てきません。魔法も何もありません。

ある人は「え？　そんなこと？　そんなの当たり前でしょ」と思われるかもしれません。

しかし、本当にこの速読法を実践してもらうと、これまでの読み方では考えられなかった「魔法のようなこと」が起こります。本書は2011年10月に単行本として出版されましたが、その読者から続々と驚きの実践報告をいただいています。


「私はこの本で東大大学院に合格しました！」

「月間500冊に一気にスピードアップした」

「勉強嫌いだった私が、今では勉強が苦ではなくなりました」

「本書のおかげで公務員試験に合格しました」


また本書では、速読のやり方だけではなく、読書の本質にまでさかのぼって解説しています。なので、単に本を速く、たくさん読めるようになるだけではなく、深く読めるようになり、本とのつき合い方そのものが変わります。


「一番の変化は読書時間が大幅に増えたこと」

「新しい読書の世界が見えてきました」

「読書の根本的なことが書かれている本」

今まで速読法を学んでうまく活用できなかった人は、「速読ってこういうことだったのか！」と速読を再発見する体験になるでしょう。速読のメカニズムを理解することによって、その弱点もわかり、より効果的に活用できるようになります。

「本書の大きな特徴は〝速読幻想をブチ壊す〟こと」
「〝速読中の頭の中〟について言及されているものはこれしか知りません」
「〝普通の人〟の視点から速読習得のメカニズムが語られている」

そして、本書で紹介している速読法「高速大量回転法」は、単なる速読、読書にとどまらず、あなたの毎日の生活、これからの人生に大きな変化をもたらします。

「限られた時間の中で充実した生活を送りたい人の必読書」
「シンプルな原理で効果は一生ものです」

ぜひ、ご活用ください！

（読者からの詳しいご感想は本書巻末のほか、私のブログ「だれでもできる！　速読勉強術」
http://ameblo.jp/kosoku-tairyokaiten-ho/ でもご紹介しています）

はじめに

本や講座で教えない速読の秘密

「今までの10倍速く読める！」

「1冊10分で読める！」

「一晩で5冊の本が読める！」


書店に並ぶ速読本のコーナーには、速さを競うタイトルが躍っています。

こんなタイトルを見て、あなたはどう感じますか？

「そんなことができたらすごいなあ」と思う反面、「なんだかウサン臭いなあ」と感じるのではないでしょうか？

私は今から25年前に速読を知り、「もし本当だったら？」という淡い期待を持ち続けて、これまでさまざまな速読講座で学んできました。そして、今では「速読できる」といえるレベルになりました。

ある速読教室の測定では、分速1万字レベルを超えました。本書のような本では1ページ500字ほどですから、10分で200ページ読める計算になります。1日に数十冊読もうと思えばできますし、実際に10冊以上読むことはよくあります。この25年間で1万冊、1日に1冊以上のペースで読んできました。

そんな私が今いえるのは、速読本の「10倍速く」「1冊10分」「一晩5冊」というのは本当でもあり、ウソでもあるということです。

では、何がウソか。

確かに、速読講座で訓練して身につける速読技術はとても有効です。しかし「速読できる」ためには、もう一つ大事なポイントがあり、それがなければ速読できません。

ところが、それが速読本でも速読講座でも、ほとんど触れられていないのです。

ここで、一つ簡単な実験をしてみましょう。

次のページの冒頭に、あることわざが書かれていますが、わざと語順がバラバラになっています。それを一瞬見るだけで、並び替えると何ということわざになるかわかるか、という実験です。

それでは、準備ができたらページをめくって、ほんの一瞬だけ見てください。

「に上も三の石年」

一瞬なので「に・うえ・も・さん・の・いし・ねん」と、一字一句読む暇もありませんが、ただ見るだけで理解できたでしょう。

これは速読技術の一つ「音にしないで見る」の一例です。もし、あなたが、一瞬見ただけでことわざの意味が理解できたのであれば、短い言葉ですが、速読できたわけです。

「確かに、音にしないで見るだけで頭にちゃんと入るんだ」
「頭に入れば、脳はちゃんと処理して理解できるようになるんだ」
「見るだけで理解できるのであれば、どんな本でも速読できるかも？」

こんなふうに思われた人もいるかもしれません。しかし、それは残念ながら勘違いです。**あなたが見ていたのは本に書かれた「に上も三の石年」という情報ではなく、あなたの頭の中にあった「石の上にも三年」という知識だからです。**

では「見ただけではわからなかった」という場合はどうでしょう？

速読は自分には難しいと思われるかもしれませんが、そうではありません。それはただ単に、言葉を知らなかったり、なじみが薄かっただけだからです。

私たちが何かを読むときには、これまでに自分が蓄えてきた知識や情報、経験などの「ストック（蓄積）」を使って読んでいます。そして、読む速さにはこの「ストック」の量や質が大きくかかわってきます。

つまり、読もうとする本に関して、どれだけ知識の量が豊富か、関連する分野の情報を持っているか、そして、どれだけ本を読んできた経験があるか（読書慣れしているか）といった「ストック」が問われるのです。

たとえば、もしあなたが速読法を学んでいないにしても、よく知っている内容の文章や本であれば、速く読めるでしょう。そのことからも、あなたが蓄えてきた知識・情報・経験などの「ストック」の重要性がわかってもらえると思います。

ところが、肝心の「ストック」について、速読講座ではほとんど触れられていません。このことが、速読のウサン臭さの元であり、速読に挑戦した人の多くが挫折する原因にもなっています。

この「ストック」の重要性を無視するのではなく、それを最大限活用することで、本当に役に立ち、実践できる速読が見えてきます。

本書では、「ストック」に着目した速読法「高速大量回転法」を紹介します。これは、お金や時間をかける特別な訓練なしで、すぐにどんな文章や本にも使える有効な速読法です。読書を身近なものにし、読書の持つ醍醐味《だいごみ》を手軽に味わわせてくれます。私自身、この方法で速読することによって、仕事もプライベートもとても豊かになりました。

そんな速読の素晴らしさを伝えたくて、私は本書を書きました。

あなたが次に当てはまる人であれば、ぜひ手に取ってもらえればうれしいです。

- これまで「ウサン臭い」と思って速読に手を出さなかった人
- 速読本を読んでみたけれど、途中で投げ出してしまった人
- 速読講座で学んだけれど、普段あまり活用できていない人

本書があなたと速読の距離を近づけ、豊かな人生の一助になることを願って。

どんな本でも大量に読める
「速読」の本
CONTENTS

CHAPTER 1 内容を「知っているから」速く読める

01 どうして速読できないのか

CHAPTER 2

「高速大量回転法」で速読を実現！

CHAPTER 3

30分あればどんな本でも速読できる

06 最初に全体構造をつかむ

07

対象を絞って楽に回転する

08

「今わかったこと」が本のすべてではない

CHAPTER 4

効率性を重視しすぎる「危険な読み方」

11 「検索速読」とレバレッジ・リーディング

CHAPTER 5

速読が本との出会いを広げる

⑫「時間をかける速読」もある

CHAPTER 1

内容を「知っているから」速く読める

SECTION 01

どうして速読できないのか

○スキルだけでは限界がある

以前、あるカルチャーセンターで速読セミナーを行ったことがあります。そのときに、とても印象深いことがありました。

参加者に「今、カバンの中にお持ちになっている本を出してみてください」とお願いしたところ、ほとんどの人が1冊も本を持っていなかったのです。速読セミナーへの参加者が本を持ち歩いていないという事実に、私は軽いショックを受けました。

もっとも、それ自体を悪いと思っているわけではありません。外出先で本を読まないだけかもしれませんし、そもそも読書のスタイルは自由なものです。

ただ、もし「本を読みたい」という思いが強ければ、少しでも空いた時間に読もうとして、本を持ち歩くのが自然ではないでしょうか？

「そういわれても……。もっと速く読めたら本を読みますよ」

「本を読むのが遅くて、なかなか読めないから速読法を学びたいんです」

こんなふうに反論される人がいるかもしれません。

しかし、そう考えているうちは、速読法をいくら学んでも、決して速読できるようにはなりません。**「本を速く読めるようになれば本を読む」というのは、逆にいえば「本を速く読めるようになるまでは本を読まない」ということ**になってしまいます。

普段から本をあまり読まない人が、数日の講習やパソコンソフトで速読法を学んだところで、速く読めるようにはなりません。「はじめに」でも触れましたが、本を速く読めるようになるには、速読教室で訓練するような速読技術だけでなく、あなたが蓄えている知識・情報・経験などのストックが必要だからです。

逆に、読もうとする本の内容に関する知識・情報・経験などのストックさえあれば、特別な訓練をしなくても速読できます。

● よく知っている内容の本は速く読める
● ある分野の本を何冊か読んでいると、だんだんと読むのが速くなる
● 1回読んだ本を再読すると1回目よりも速く読める

こういった経験をしたことがある人はいるでしょう。

ストックを蓄える方法はいろいろありますが、もっとも簡単で、効率的なのが「本を読む」ことです。「速読できるようになりたい」と思うのであれば、速読技術を学ぶよりも、とにかく本を読むことなのです。

○私が速読できるようになった本当の要因

偉そうなことをいっていますが、私自身も「本を速く読めるようになりたい」と、速読技術を追い求めてきました。しかし、学生時代から速読教室に通い始めたものの、思ったように速読できるようになりませんでした。わたり歩いた速読教室・講座の数は10

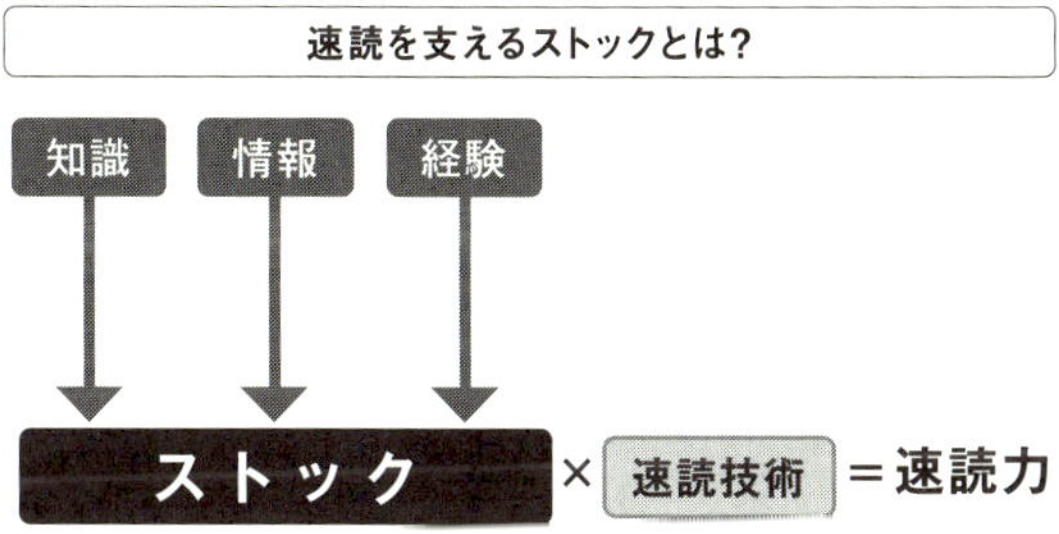

たとえば…

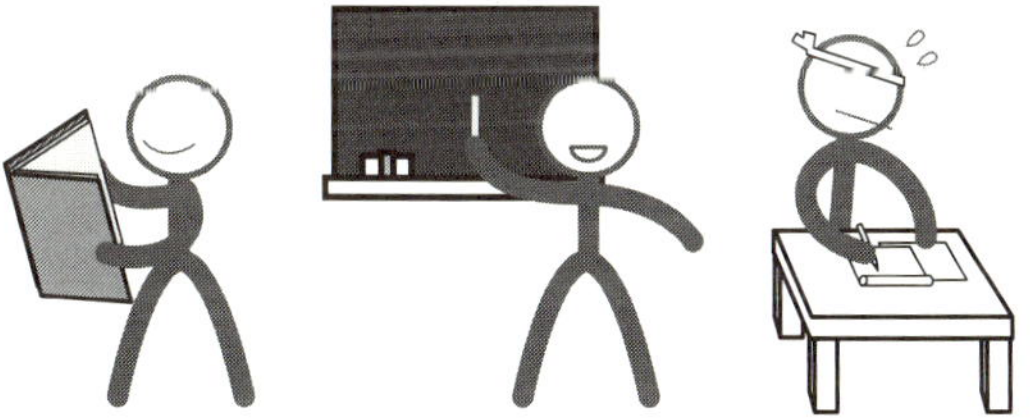

Aさん
歴史が好きで
よく本を読む
(知識量が豊富)

Bさん
塾で歴史の
先生をしている
(情報に接する機会が多い)

Cさん
大学で歴史を
4年間も学んだ
(経験値がある)

3人とも速読技術を学ばずとも
歴史の本なら速く読める!

以上。費やしたお金は200万円を超えます。

その結果、確かに速読技術も身につき、本を速く読めるようになりました。そして、つい最近まで、自分が速読できるようになったのは、速読講座で学んだ結果だと思っていたのです。

しかし、よくよく振り返ってみて、それはほんの一部だと気づきました。**速読技術を身につけたことよりも、速読技術を使いながら、たくさんの本を読んで知識量や読書経験を増やし、ストックを蓄えたことで速読できるようになっていったのです。**

◎「読書慣れ」は「速読技術」に勝る

しかし、多くの速読教室のサイト・広告や速読本では、ストックの重要性には触れずに「この速読法を学べば、1冊○分で読めるようになる!」とうたっています。

そもそも、1冊といっても本は千差万別です。ページ数や内容の難易度など、条件はさまざまです。その難しさも、読む人によって変わってきます。自分がよく知っている内容の本であれば、読書のスピードも速くなるでしょうし、逆にあまりなじみのない内容の本であれば遅くなります。

いくら速読技術を身につけたところで、その本の内容に関して何も知らなければ、難しい本は難しい本であることに変わりはありません。あなたが普段から本を読み慣れていなければなおさらです。仮に速読技術があっても、何のストックもない状態では、読める本は限られてしまいます。

たとえば、あなたが法律の勉強を始めようとして、専門書を手に取ったとしましょう。法律の専門書は、ページ数の少ない初心者向けの本であっても、多くの人にとってはなじみが薄く、かなり難易度が高いものです。いくら速読技術を学んだからといって、すぐに速く読めて、しかも理解できるわけはありません。

しかし、世の中の速読教室では、なぜかストックの重要性には触れないのです。

◎トリックに惑わされるな！

つい先日もテレビを見ていて、そんな速読のトリックに出くわしました。

ある日の夕方、私の息子が見ていたテレビの子ども向け番組で「速読の達人」なる人が登場し、速読について話しているのをたまたま見たのです。

番組の1コーナーで、ほんの少しの時間でしたが、その番組を見ながら「これだから、多くの人が速読に幻想を抱き、挫折してしまうんだ」とガッカリしてしまいました。

番組に登場していたのは、ある速読教室の講師でした。短い文章で自ら速読を実演したあと、スタジオの子どもたちに速読のポイントを教えていました。

そこで伝えていたのは、**速読のポイントは「読む」のではなく「見る」ということ。**

そして、それを実感、訓練する方法として、次のようなことを行っていました。

「バイオリン」と大きな文字で書いた紙が、ほんの一瞬見せられます。それを子どもたちが「読める」（というか見てわかる）かどうかを試すものです。

ほんの一瞬ですから「ば・い・お・り・ん」と一字一句、丁寧に読んではいられません。なので「音にしないで見る」のです。

よく知っている単語ですから、一瞬見ただけでも言葉をとらえられ、理解できます。

これを行うと「読まなくてもわかる！」「見るだけでも確かにわかる！」というちょっとした驚きが生まれます。テレビのスタジオの子どもたちもそんな反応でした。

しかし、こういった単語レベルで「音にしないで見る」のは、われわれが普通に行っているとです。たとえば、ラーメン屋さんや定食屋さんに入って、壁に貼られたメニューを見るときを思い出してください。

「しょうゆラーメン　六〇〇円」
「みそラーメン　　七〇〇円」

こういったメニューを、いちいち「し ょ う ゆ ら あ め ん」と読まないでも、一瞬で理解していますよね。実は、誰でも行っていることなのです。

速読しているとき脳はどう動いているのか？

テレビでは、次の訓練に移っていきました。

先ほどと同じように、大きな文字を書いた紙を一瞬だけ見せるのですが、今度はそこに書かれた単語は、語順が崩されているものになっています。

たとえば「ロメンンパ」。これは「メロンパン」を崩したものです。

こういった語順がでたらめな文字を一瞬だけ見て、正しい単語を答えるという訓練です。テレビに出ていた速読講師は「一瞬だけ見て入力した情報を、脳が組み替えながら正しい言葉にする」といった説明をしていました。

さらに、今度は語順が崩されたことわざを一瞬だけ見るという訓練に移りました。

「に上も三の石年」

もうおわかりのように「はじめに」で紹介したものです。

これは「石の上にも三年」を崩したものですが、この言葉を一瞬だけ見て、正しいことわざを答えるという訓練です。スタジオの子どもたちはスラスラと答えていました。

ほんの一瞬見るだけで、語順がバラバラの10文字近くの言葉が理解できるということで、スタジオの子どもたちはびっくりしていました。うちの妻も一緒にテレビを見て「本当だ」と驚き、感心していました。あなたも「へえー」と感心されたかもしれません。

ただ、**とにかく見てインプットさえすれば、脳が処理してくれて速読できると思うのは、残念ながら勘違い**です。

なぜ速読できるのか？

「に上も三の石年」という文字を見ると同時に
脳の中にある“ことわざデータベース”の
「石の上にも三年」を見ているから一瞬でわかる

◎本ではなく頭の中の情報を読んでいる

「に上も三の石年」を見たとき、私たちはただそこにある文字を見ていたでしょうか？
そうではありません。最初に〝ことわざ〟という設定が与えられることで、見る前から脳が勝手に頭の中にある〝ことわざデータベース〟を活性化させて、私たちはそれを読み始めているのです。

さらに「三」や「石」といった漢字を眼に入れて、それらの文字に反応したことわざとして、自分の頭の中の〝ことわざデータベース〟にある「石の上にも三年」を読むのです。人間は、外にある情報を見ているようで、実は頭の中にある情報を見ています。

ここをはっきりと自覚していないと、速読に過大な幻想を抱いてしまいます。

「に上も三の石年」も、それを見たあなたが「石の上にも三年」という言葉を知っていたから、見るだけで理解できたわけです。

もし知らなければ、一瞬で理解できなかったでしょう。そもそも、一瞬で全部の文字をとらえることもできなかったでしょう。

トリックにだまされるな！

1. 産はな者心き恒しな恒

2. を闔の寸す制開五鍵

3. て吹に膾りく羹を懲

あなたの“ことわざデータベース”にない
ことわざは一瞬でわからない！

1. 恒産なき者は恒心なし
2. 五寸の鍵開闔を制す
3. 羹に懲りて膾を吹く

まずは、この「知識などの蓄えられたストックがあるから、見るだけで理解できる」という重要なポイントを押さえておきましょう。

多くの速読教室では、ストックのことには触れずに「見るだけで理解できる」ことを強調します。

そして、単語や短い文章だけではなく、速読訓練を積んで速読技術を身につければ、長い文章も見るだけで一瞬のうちに理解でき、さらには1ページ全体を「読むのではなく見ることで速読できる」と説明しています。

ですが、そこにはトリックがあります。**「見るだけで理解できる」ためには、その本の内容に関するストックが必要であることが隠されているのです。**これが、多くの人が速読に幻想を抱いて、かつ途中で挫折する要因です。

○高速で情報をインプットしても頭の回転は速くならない

なんだか、夢のない話になってしまいましたが、これが多くの速読教室で教えられている「速読」の現実です。

　また「速読して、高速で大量の情報をインプットさえすれば、それを処理しようと脳が活性化して、頭の回転が速くなり、理解もできるようになる」なんてこともいわれますが、それも突き詰めれば、ストックの話です。

　たとえば、日本語を英語に翻訳するパソコンのソフトや、日本語変換機能を考えてみてください。コンピューターのCPUの処理能力がいくら高かったとしても、和英辞書や日本語辞書が豊富になければ、正確に素早く翻訳や日本語変換はできません。

　速読教室によっては、計算訓練や論理訓練などを取り入れて、いわゆる「脳トレ」のようなことを行うところもあります。

　確かに、訓練を重ねる中で、その訓練自体は上達して、成績は上がるでしょうが、それが日常の読書における速読にどれだけ結びつくかは疑問です。

　そういった計算力・論理力よりも情報や知識といったストックのほうが、実際の速読には大きな影響を及ぼします。

　また、速読訓練の一環として、倍速や3倍速といった速さの音声を聞く訓練を行うところもあります。高速で大量の情報をインプットすることによって、それを処理しようと脳の処理能力が高まり、頭の回転が速くなり、速読力がつくというわけです。

私もこういった訓練を行ったことはありますが、これも頭の回転というよりストックの問題です。

倍速程度であれば、最初からある程度は聞き取れます。ですが、3倍速、4倍速となると、すぐに聞き取れるものではありません。それでも、繰り返し聞いていると、確かに聞き取れる感じはしてきます。

しかし、それはただ単にその内容を繰り返し聞いているうちにストックとして蓄えられたり、記憶してしまったりしたからです。

4倍速の音声を聞き取れるようになったからといって、頭の回転がこれまでの4倍になったかというと、そうではありません。まったく初めて聞く音声を、いきなり4倍速で聞いてみればわかることです。

つまり、

「ストック（知識・情報・経験など）が多い人ほど本を速く読める」のです。

SECTION 02

速読に対する誤解を解く

◎読むスピードを上げても「速読」とはいえない

ちゃんと理解を伴う、本当に役立つ速読を考えた場合、速読力とは次の式で表されます。

速読力 ＝ 速読技術 × （知識・情報・経験などの）ストック

これを見て「やっぱり、速読技術を習得しないとダメなんだ」と思われたかもしれません。確かに、速読はあなたがこれまで慣れ親しんできた読み方とは違います。

多くの人が、本を読むときに、最初から一字一句、文字を心の中で読み上げながら、理解しようとして読んでいるでしょう。速読は従来のそういった読み方のスピードを上げていくものではありません。「速読」という別の読み方にシフトする、と考えたほうがわかりやすいでしょう。

このため、速読という読み方がどんなものかを知り、そこにシフトするためのコツはつかむ必要はあります。

そういった意味で速読技術は必要なのですが、そのためには、速読教室で行われているような眼の訓練などの特別な訓練は必ずしも必要ではありません。あなたが実際に読みたい本を読みながら、それはつかむことができるのです。これから説明していきますが、**速読技術の習得のカギとなるのも、実はストックにあるのです。**

まずは、速読教室で行われる速読訓練を紹介しながら、そもそも速読技術とは何なのか、そして速読とはどんな読み方なのか、解き明かしていきましょう。

◎眼を速く動かすわけではない

速読というと、眼を速く動かして読む、と思っている人が多いかもしれませんが、そうではありません。

確かに、速読教室で最初のほうに行われる訓練に、「視点移動訓練」というものがあります。次ページの上半分にあるようなシートが使われます。

しかし、この訓練は眼を速く動かす訓練ではありません。その逆です。眼を動かさず、楽に■をとらえられるようにする訓練なのです。実際、速読をしているときには、眼の動きはむしろ少なくなります。落ち着いて、安定した状態です。

速く見ようとする必要はありません。最初はゆっくり、丁寧に見ていけばいいのです。めざすところは、■を見ようとしながらも、前のめりになってがんばって見るのではなく、リラックスして見ている状態、ボォーッとして■をとらえている状態です。

あなたがラーメン屋などに入って、壁に書いてあるメニューや手元のメニューを眺めているとき、スーパーで「今日のご飯は何にしようかなあ」と売り場を眺めているときなどを思い出してみてください。

そのとき、そこに書かれている文字を一つひとつじっくり読むというより、ふんわりと見ているでしょう。音にしようとしないでも自然と頭の中で音が響く、そんな状態です。

視野を広く保ち、リラックスして滑らかに眼が動くので、眼が速く動いているわけではないのですが、結果として、速くとらえることができるのです。

視点移動訓練と記号読み訓練のシート

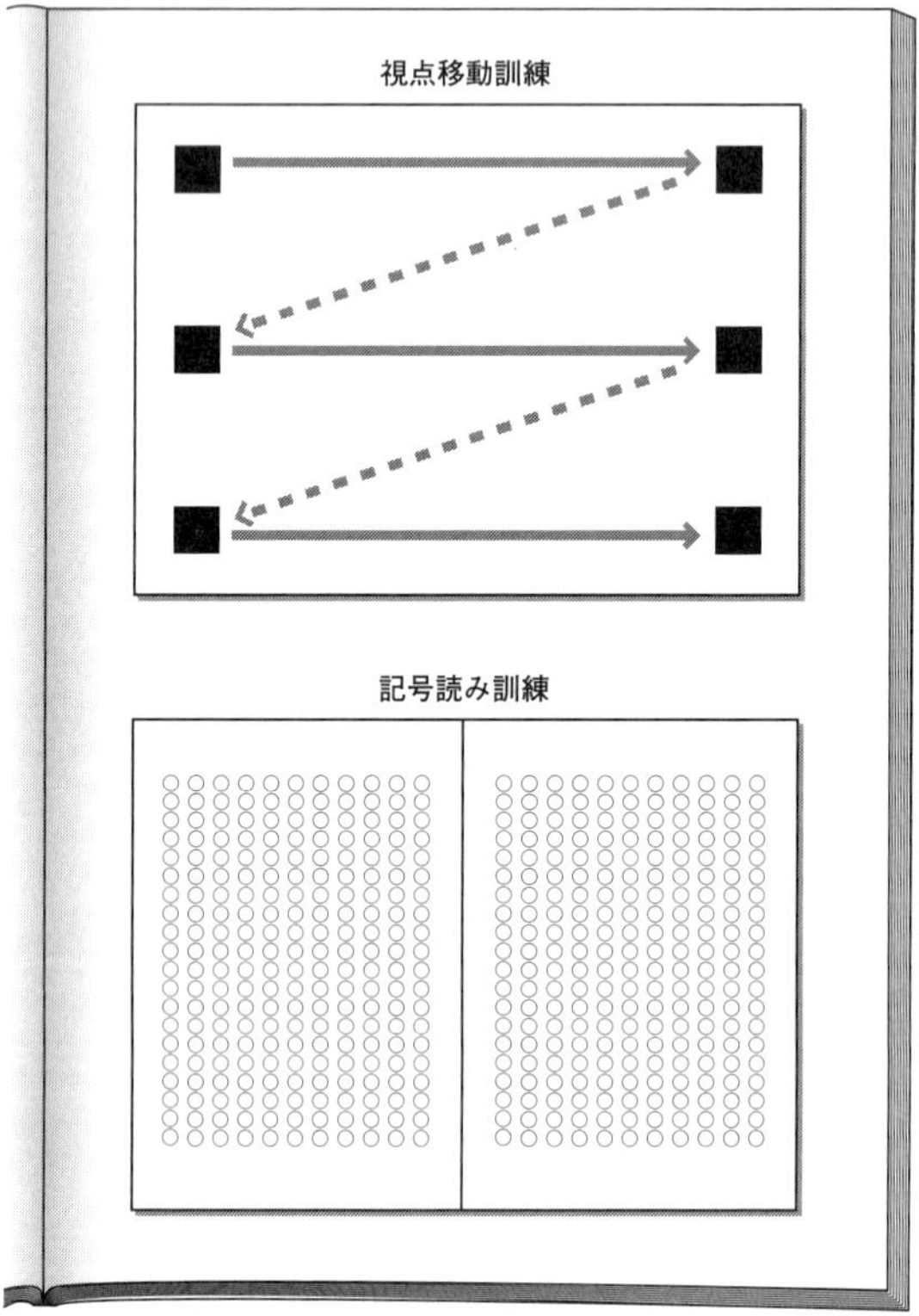

◎一目でページ全体を読めるようにはならない

このように視点移動訓練でめざすのは、リラックスして、視野を広く保つことです。ただし、視野を広く保つといっても、視野が広がって、何行も、さらには1ページ全体を読めるようになるわけではありません。

速読というと、ページを素早くめくりながら、さっと1ページ単位で読んでいくイメージを持っている人がいるかもしれません。

しかし、読める視野が訓練で広がるわけではありません。確かに、速読教室には「視幅拡大訓練」や「視野拡大訓練」と呼ばれる訓練があります。次ページのようなシートで訓練し、視野を拡大して、一目で読める文字量を増やそうとします。

人間の視野は「中心視野」と「周辺視野」という二つの視野にわかれます。

「中心視野」とは、どんな文字かがはっきりと認識できる視野です。一方「周辺視野」とは、まさに「中心視野」の周辺にある視野で、そこに何か文字が書かれていることはわかるけれども、どんな文字かは認識できない視野です。

視野拡大訓練のシート

空 空 空 空 空 空 空 空
空 海 海 海 海 海 空
空 海 川 川 川 海 空
空 海 川 山 川 海 空
空 海 川 川 川 海 空
空 海 海 海 海 海 空
空 空 空 空 空 空 空 空

ただし中心視野が
仮に広がらなくても
速読には影響しない

たとえば、実際にあなたが今読んでいるところ。「今読んでいるところ」という文章に焦点を当てているとき、10文字程度はどんな文字かは認識できるでしょう。これが中心視野です。しかし、その周りの文字はどんな文字が書かれているかは、焦点をそちらに移さないとわからないはずです。ここが周辺視野です。

「視幅拡大訓練」や「視野拡大訓練」では、この周辺視野を中心視野にしようという訓練なのですが、私の経験からいうと、中心視野が広がるという効果はありませんでした。それでも速読には影響しません。

周辺視野を中心視野にしようとするよりも、大事なのは「視点移動訓練」のときと同じで、リラックスして、中心視野、周辺視野を問わず、視野を広く保って見ることです。

つけ加えれば、周辺視野を活用して「先へ先へ」の意識を持って読むことです。「先へ先へ」をもう少し具体的にいうと、ある行の文字を見ながらも、同時に、次の行を周辺視野でとらえておいて、スムーズに次の行に移ることです。

そのためにも、リラックスしていることが必要です。目の前のことに集中しつつも、次に自分が何をするのかは意識しておく。仕事でもそんな状態でいることが、バタバタと慌ててやるよりも、結果的に速く仕事を片づけることができるでしょう。

◯文字を音にする癖をなくす

ここまで見てきたように、**速読とは「リラックスして、視野を広く保って見る」こと**といえます。これは、ラーメン屋でメニューを眺めているときや、スーパーで値札を見ているときなど、誰でも行っていることです。

しかし、だったら速読もすぐにできるかというと、そうは問屋が卸《おろ》しません。本を読もうとすると、この「リラックスして、視野を広く保って見る」をほとんどの人ができなくなるのです。

真逆の「がんばって、緊張して、視野を狭くして見る」状態になってしまいます。

これは長年の間に染みついてしまった癖が原因です。その癖とは、

●音にして読む癖（音読、もしくは黙読する癖）

今この瞬間、あなた自身にこの癖は出ていませんか？

「いま・この・しゅんかん・あなた・じしん・に・この・くせ・は・でていませんか」と心の中で声を出すように、唇あたりがほんのわずかでも動いていなかったでしょうか？

今度は、声に出すことを一切せずに、次の文章を見てください。

「今この瞬間、あなた自身にこの癖は出ていませんか？」

音にしようとしなくても、この文章の意味をつかむことができたはずです。

なお、音をすべてなくそうとする必要はありません。音にしようとするのをやめるだけです。すると、まったく音がなくなったわけではなく、頭の中で何か音が響いているような感覚になったかもしれません。

このように、私たちは、音にしなくても意味がつかめるにもかかわらず、本など、長い文章を読む場合には特に「音にして読む」癖が出てしまいます。

音にするためには、一文字一文字に意識が行って、視野は狭くなってしまいます。また、音にしようとすることで時間がかかり、眼の動きは遅くなってしまうのです。

リラックスして、視野を広く保って見るためには、この音にする癖をなくすことが必要不可欠になります。

このために速読教室では、40ページの下半分にあるような○や□といった記号が一面にズラーッと並んだ本を使って「記号読み訓練」と呼ばれる訓練を行っています。記号という意味がないものを使って、「音にしないで見る」ことを習慣づけるのです。

記号とはいえ、本の形でズラーッと並んでいると、最初はついつい今までの本を読む癖が出てきます。とはいえ、いちいち「まる」とか「しかく」とか読み続ける人はいませんから、これによって「音にしないで見る」という感覚に慣らしていくのです。

◎「わかろう」とするから遅くなる

○や□といった記号の次は「あ」や「い」ばかりといった意味がない文字が並んだ本を使って、さらに「音にしないで見る」訓練を行います。

無意味だとはいえ、これまでの癖からついつい、文字をブツブツと読んでしまいそうになります。ですが、それをやめて「音にしないで見る」ことを訓練します。

そして最後に、意味のある文章が並んだ本で「見る」訓練を行います。

○や□、そして無意味な文字の訓練で、徐々に慣らし、覚えてきた「読まないで見る」感覚を使うのですが、ここで大きな難関にぶちあたります。もう一つの癖が顔を出してくるからです。その癖とは、

●書かれている内容を「わかろう」とする癖

今も、この瞬間、あなたは自然とこの癖が出ているでしょう。

意味のある（ありそうな）文章を見ると、われわれは自然とその意味をわかろうとします。そうすると、わからない箇所に意識が集中して、視野が狭くなります。そして、わかろうとするために、その文字をただ見るだけでなく音にしようとしてしまうのです。

本を読むのはその内容を「わかる」ためですから、「わかろう」というのは自然な話です。「これは仕方がない」と思うかもしれませんが、**実は、速読では「わかろう」という思いを手放してしまうのです。**

ある速読教室では、「なるほど、なるほど」と呪文のように唱えながら読むことを勧めています。そのほか、速読教室によっては「心の鎮《しず》まりをつくる」「受動的に集中す

る」といった言葉で語られることもあります。心を落ち着けて、ただただ本の文字、内容を受け止め、「わかろうとしないで見る」状態をつくっていくのです。

「わかろう」という思いを手放してしまえば、いくら意味のある文字でも○や□といった記号と同じように「音にしないで見る」ことが可能になります。リラックスして、視野を広く保って見ることができて速く読む、つまり速読できるのです。

本を読むのは、そこに書かれている文字をただ見るためではなく、内容を理解するために行うわけですから、この「わかろうとせず、音にしないで見る」というのは、ほとんどの人にはピンとこないかもしれません。

実は、ここが従来の読み方と速読とを大きくわけるポイントです。そして、速読を理解し、使いこなすポイントにもなります。この**「わかろうとせず、音にしないで見る」ということが、速読技術の核心であり、めざすところなのです。**

○これまでの読書とは読み方が違う

ここまで速読教室の訓練を紹介しながら、速読技術について解説してきました。速読とは、リラックスして、視野を広く保って見ていく読み方です。そのために、「音にしないで見る」「わかろうとしないで見る」という速読技術を使って読んでいくのです。「そんな読み方で理解できるの？」と思われるかもしれませんが、読んでいる本に関する知識・情報・経験などのストックがあれば理解できます。ただし、理解する、わかるという感覚は、従来の読み方とは少し違ってきます。

「言葉を音にしないと、読んだ気がしない」という人がいるかもしれませんが、速読とこれまでの読み方では、理解、わかるという感覚が違います。従来の読み方の延長、スピードを速めた読み方が速読ではなく、質の違う読み方なのです。

どちらがいい・悪いとか、浅い・深いという話ではありません。たとえば「読む」ではなく「聴く」ことで考えると、それについてつかんでもらえるかもしれません。

- 相手の言葉について、一つひとつその意味を確認したり、論理的矛盾がないかもチェックしたりしながら聴いていく
- 相手の話す言葉の細かいところにはとらわれず、相手の気持ちなども感じながら、まずはいったん聴いていく

あなたは、どちらの聴き方をよくしますか？

もちろん、ケースバイケースでしょうし、二つの組み合わせで聴いているでしょう。

これも、どちらがいい・悪い、浅い・深いではありません。

前者のほうが、言葉の意味の思い違いなどがなくなるでしょう。ただ一方では、細かいところにとらわれすぎて、「木を見て森を見ず」になり、大事なところをとらえられないかもしれません。

また、後者は相手の立場に立って、相手の主張をよくわかるかもしれませんが、論理的なチェックや批判的な視点が失われるかもしれません。

かかる時間でいうと、前者の聴き方では、いちいち言葉の意味を確認したり、論理をチェックしたりしますから、後者の聴き方よりも時間は長くなるでしょう。

速読は、後者の聴き方に近い読み方です。われわれが慣れ親しんできた読み方は前者の聴き方に近い読み方といえるでしょう。速読のイメージをつかむ一つの参考にしてください。

速読教室では、さまざまな訓練を行いながら、読書における従来の読み方で染みついている癖を外して、新たな読み方である、速読へのシフトを促しているともいえます。

それでは次のセクションから、実際に今すぐ速読体験をしてもらいましょう。

「読む」を「聴く」で考える

従来の読み方

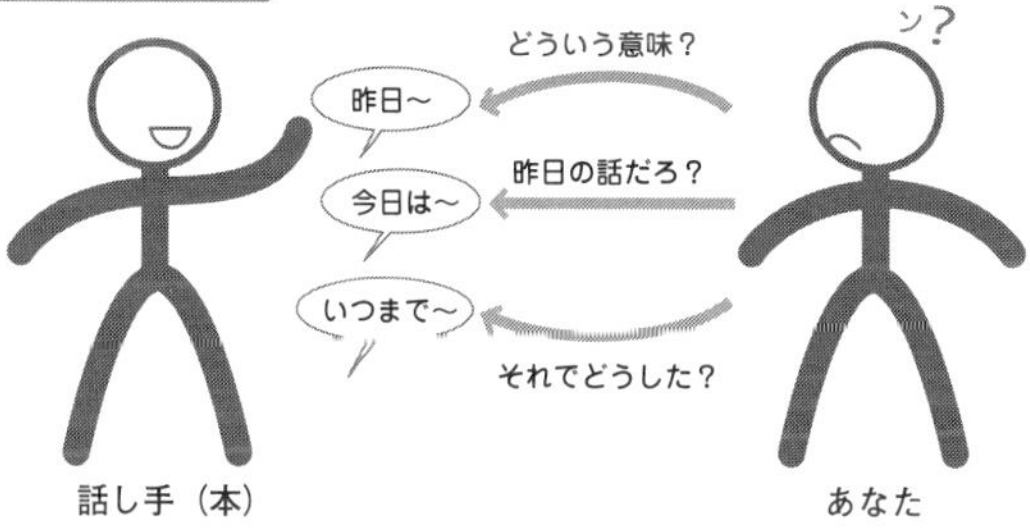

一つひとつ言葉の意味や文章のつながりを確認しながら聴く(読む)から時間がかかる

速 読

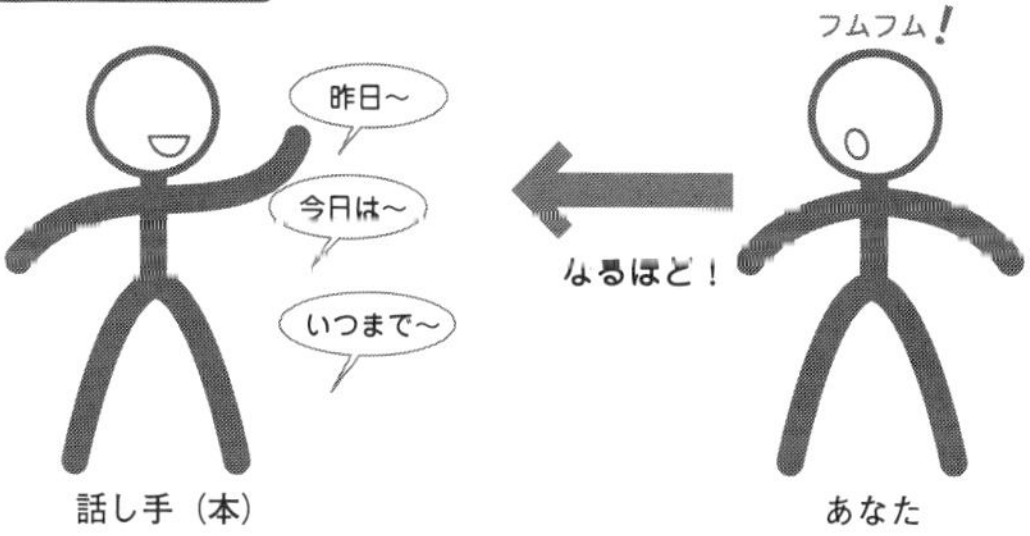

とりあえずいったん話を聴く(読む)ので時間がかからない!

SECTION 03

速読訓練は二の次でいい

○すぐに速読を体験できる「擬似速読訓練」

この本でも、あなたが読みたい本でも構わないので、本の中のどこか1段落だけ選び、そこをまず1回読んでみてください。従来の読み方で構いません。

さて、1回終わったら、もう1回読んでみてください。おそらく、先ほどよりも楽に読むことができたのではないでしょうか？　今度は、一部でも「音にしないで見る」「わかろうとしないで見る」ことが自然とできたかもしれません。

それでは、もう1回見てください。今度は、できるだけ「音にしないで見る」「わかろうとしないで見る」を意識してみてください。先ほどよりも、さらに楽に読めるようになったでしょう。

並んでいる文字にもなじみが出て、内容もかなり理解し、頭に入っているので、「もうわかっているよ」という感じで、あっという間に眺められたかもしれません。そして、音にしなくても、「わかろう」としなくても理解し、意味をつかんでいたでしょう。

今、3回目で経験された感覚、読み方。それが速読です。

「え？　これだけでできちゃうの？」

そう思われるかもしれません。ですが、実際にできたでしょう？

実は今行ってもらったのは、速読教室では「擬似速読訓練」と呼ばれる訓練です。同じ文章を何回も繰り返して読めば、速読しているときと同じ感覚が得られるので、速読の感覚をつかむために行われるのです。

ここからわかるのは**「わかろう」としないで、リラックスして、視野を広く保って見るという速読技術は、あれこれ特別な訓練をしなくても、繰り返して読むというだけで得られる**ということです。

1回目、2回目と読む中で、あなたはその文章に関する知識や情報、そしてそれを読んだという経験を蓄えていきました。つまり「ストック」を蓄えていたのです。

その「ストック」があれば、速読技術は自然と発揮できるのです。これは**見る・読むということは「眼」で行っているようで、実際は「頭」で行っているから**です。

「に上も三の石年」を見る実験を覚えていますか？

人は真っ白な状態で見たり、読んだりしているわけではなく、頭の中にあるストックを参照しながら、予測したり、イメージを膨らませながら見たり、読んだりしています。

◎「速読幻想」にお金と時間を無駄にしない！

このように「音にしないで見る」「わかろうとしないで見る」という速読技術を発揮するために、読み手の中にあるストックは重要な要素です。しかし、多くの速読講座や速読を学ぶ人は、技術だけに焦点を当ててしまっています。このために大きな遠回りをしています。

確かに、講座というのは、技術を教えるところですから、速読講座が速読技術にばかり焦点を当てるのも仕方ないのかもしれません。

しかし「速く読めば脳の潜在能力が開発される」とか「ただ見れば潜在意識にはすべてダウンロードされる」といった説明で、技術さえ習得すれば、どんな本でも速読できるようになるという幻想を与えているのはやりすぎでしょう。

ストックの重要性から目をそらし、速読技術一本で突っ走るために、「こんな読み方では理解できない」といって速読を挫折する人が出たり、「速読なんて浅い読み方だ」といった批判が出てくるのです。

先ほど紹介したように、同じ文章を繰り返し読んで速読の感覚をつかむことを、速読講座では「擬似速読訓練」と呼びます。

しかし、私はこれを「擬似」であるとも「訓練」であるとも思いません。むしろ、これこそが速読そのものです。速読において必要なストックを蓄え、それを利用して速読技術を発揮しているからです。

◎難しい文章は速く読めない？

「はじめに」で、私は、速読本の「10倍速く」「1冊10分」「一晩5冊」というのは本当であり、ウソでもあると書きました。

誰でも知っている童話や、簡単な漢字ぐらいしか出てこないやさしい文章を読むとき、最初から一字一句黙読するといった従来の読み方ではなく、速読技術を使えば、理解度を落とすことなく、読むスピードは速くなります。

また、速読講座では読書速度を測定するのは、同じ文章で行うのが普通ですから、何回も読む中で、内容に関するストックが蓄えられ、読書スピードは上がります。

しかし、現実の生活の読書において「速読できるようになった！」という実感は、なかなか得られません。速く読んでも理解できず、理解しようとすると速く読めません。

それは、実際に本を読むときには、自分が知らない内容の本が多いからです。その本に関するストックがないので、「見るだけで理解できる」ことにはならないわけです。

速読講座を受けて「読書スピードが上がった」と満足する人もいますが、そういう人のほとんどが、これまでかなりの本を読んできた人です。

これまでの読書経験の中でストックはかなり蓄えられていて、これまで知らなかった、もしくは使っていなかった速読技術を使えば、理解度を維持して読書スピードを上げられるからです。

技術だけでは速読できない

難しい本
なじみの
ない本
知らない
分野の本
いくら速読技術を訓練しても
本の難易度は変わらないので
速く読めるようにならない！

しかし、ストックがなければお手上げです。わからない部分が、見るだけで勝手にすぐにわかるようになるわけはありません。

「それはあんまりでは……」と思われるかもしれませんが、速読教室が提供している「速読」とはそういうものなのです。

内容がわからない本は速読できない」と開き直るような速読教室もあるぐらいです。

実際「内容がわかっている本は速読できるけれど、

しかし、多くの人にとって、読書とは、新たな知識を身につけるため、未知の扉を開けるために行うものでしょう。こういった読書のスピードが速くなるという期待から速読を学び始めたのに、「内容がわからない本は速読できない」といわれてしまっては、本末転倒な気がしませんか?

ここに、「速読」に対する期待と現実の大きなギャップがあります。

◎速読技術を習得するカギもストックにある

速読に必要なのは、速読技術とストックです。

速読力　＝　速読技術　×　（知識・情報・経験などの）ストック

速読技術とは、「音にしないで見る」「わかろうとしないで見る」ことであり、多くの速読教室でこれをさまざまな訓練を通して身につけようとします。それは確かに効果もあり、私はこれを否定しているわけではありません。

しかし、ストックがなくてはならない要素であるほか、速読技術自体、ストックさえあれば楽に発揮できるようになります。つまり、ストックを蓄えれば、速読技術はあとからついてきます。

このため、多くの速読教室で行われているように、**速読技術に重点を置くのではなく、ストックに重点を置いたほうが、速読力は結果的に早く身につく**のです。

読書に関するさまざまな著作を出している齋藤孝・明治大学教授は、「読書は『知能指数』でするものではない。むしろ、本を読んだ蓄積でするものだ」（『読書力』岩波新書）といっています。

速読教室に通ってさまざまな訓練を行って速読技術を身につけようとするよりも、まずはとにかく「本を読む」ことでストックを増やしたほうがいいのです。速読技術を訓練するのではなく、本をたくさん読んでストックを蓄える。そうすれば、結果的に速読技術も発揮できるようになります。

◎速読法の開発者が行った訓練法とは?

乱暴な話のようですが、これは速読法の生みの親が行った方法でもあるのです。

日本で教えられている速読法の源流をたどれば、それは欧米からのものと韓国からのものにわかれます。そして、韓国の速読法を生み出したといわれるのが、パク・ファーヨップ氏です。

その彼が行ったことは、単純にとにかく「本を読む」ことだったのです。

『速読の科学』(佐々木豊文著 光文社)には、パク氏が速読に挑戦し始めた様子が次のように書かれています。

「その読み方は、理解することを目的にせずに、とにかくただ文字を追うために鉛筆や指でなぞりながら読むことだけをした。その成果は三、四ヵ月後に少しずつ現われはじめた。読書速度が伸びてきたのである。今度は、図書館から厚い英語の本を借り、同じように理解することは気にかけずに文字だけを追う方法で、一年で五〇〇冊読んだという。そのときも読んですぐに理解できるとは期待していなかったし、実際一年間はそういう状態が続いたのである。

三〇〇〇冊読破したころには、一日に自分の腰くらいの高さまでの本が読めるようになっていた」

速読法を生み出した人の速読訓練とは、とにかく「本を読む」ことだったのです。まずは「わかろう」としないで、理解は二の次にひたすら文字を追うことに徹し、とにかくたくさんの本を読んだのです。

最初の1年は理解を伴わなかったわけですが、その間にも知識などのストックは急速に蓄えられました。そして、だんだんと蓄えられたストックのおかげで、気がつけば、わかろうとしないでも、理解もできて速く読めるようになっていたのです。

確かに、パク氏は最初から「わかろうとしないで見る」という速読技術は使っていたわけですが、実際に本の内容を理解して、本当に速読できるためには、とにかく本をたくさん読んでストックを蓄えることが必要だったのです。

しかし、これがいつのまにか「わかろうとしないで見る」という速読技術だけが一人歩きしていったのが、今の「速読」です。ストックやそれを蓄えるための「本を読む」重要性は表に出ないまま、いわば「速読技術法」となっていったのです。

単純に、速読法を生み出したパク氏のやり方にしたがえば、速読訓練をしなくても、とにかく、最初は「わかろう」とするのを手放し、本を読んで、ストックを蓄えていけば、自然と速読技術を使えるようになり、しかも理解しながら本は速く読めるのです。

◎誰でもすぐに実践できる「高速大量回転法」

実際、大学の研究者や評論家など、仕事として読書をしている人の読書量は半端ではありません。そして、速読訓練を受けていないにもかかわらず、彼らが本を読むスピードはとても速いです。

企業の経営者にも多くの読者家がいますが、さまざまな濃い経験を積み、多くの読書体験を持つ彼らの読書スピードも、やはり並大抵の速さではありません。

では、これまで読書をしてこなかった人をはじめ、ストックのベースがない人はどうすればいいのでしょうか。速読法の生みの親であるパク氏のように、最初は理解をあきらめて、とにかく字面だけを追って何百冊も本を読むしかないのでしょうか？

しかし、理解もできないのに何百冊もひたすら読むなんていうのは、私には想像もできませんし、誰でもできることではありません。

では、これまでの読み方で地道にゆっくりと読み進めるしかないのでしょうか？

そうではありません。ストックが速読の大きな要素であることにしっかりと向き合えば、それを活用して、速読できるのです。

すでに説明したように、読もうとする本の内容に関するストックがあれば、特別に訓練しなくても、速読できます。自然と「音にしないで見る」「わかろうとしないで見る」といった速読技術を使って速く読みながら、理解もできます。

そして、これから読もうとする本に関するストックがなくても、ストックを素早く効率的に蓄えればいいのです。

ただし、これには、「コロンブスの卵」のような大胆な発想の転換をすることが必要です。

さて、その発想の転換とはどんなものなのでしょう？

次のチャプターで、本の内容に関するストックがなくても速読できるようになる方法、「高速大量回転法」をお伝えしましょう。

CHAPTER 2

「高速大量回転法」で速読を実現！

SECTION 04

「繰り返す」という発想がすべてを解決する

○従来の速読法の欠点を克服する！

チャプター1で解説してきたように、速読できるかどうかは、速読技術とストックの二つの要素がかかわります。

速読力 ＝ 速読技術 × （知識・情報・経験などの）ストック

しかし、これまでの速読法は、速読技術ばかりに焦点を当てていて、ストックの重要性がないがしろにされていました。そのため、次のような欠点がありました。

●速読技術習得のためにさまざまな訓練が必要で、それに時間とお金がかかる
●関連するストックがある本は理解できるが、ストックがない本は理解できない

この欠点を克服するために、ストックに焦点を当て、効率的に蓄えることが必要です。

◎ストックを蓄えることが重要

では、今から読もうとしている本に関するストックを、もっとも豊富に持っているものは何でしょうか？

そう、それは今から読もうとしている本自体です。そして、そのストックを蓄えるためには、その本を読むことです。しかし「その本を読む」といっても、今からその本を速読したいわけです。これでは「鶏が先か、卵が先か」の話になってしまいます。

ここで必要になってくるのが、「コロンブスの卵」のような大胆な発想の転換です。

その発想の転換とは、「繰り返して読む」ことです。同じ本を繰り返し読んで、その本に関するストックを蓄えながら、そのストックを使って速読するのです。

繰り返して読むので、最初から完璧に理解する必要はありません。理解できるかどうかにこだわらず「音にしないで見る」「わかろうとしないで見る」といった従来の速読技術を使いつつ、最初は目次や見出し、まえがき・あとがきなどに範囲や対象を絞り込んで、とにかく速く読んでいきます。

すると、少しはその本に関するストックが蓄えられます。たとえば、著者の主張や、どんな章構成をしているのか、よく出てくるキーワード的な言葉は何か、今のあなたがその本についてどれぐらい理解できそうか、といったポイントもわかってきます。

まずはざっと目を通して本の特徴をつかみ、こうした知識や情報などのストックを積むことで、次に読むときには最初より速く読めるようになります。

これを繰り返して徐々にストックを蓄え、範囲や対象を広げて本全体を速読できるようにするのです。

あまりにも単純な発想で、「え、それだけ？」と思われるかもしれませんが、多くの人は、なかなかこの発想にたどりつきません。

こんな単純な発想が思いつかないわけは、「速読しよう」と思うと、「なんとか1回で終わらせる」と考えるのが自然だからです。

とにかく読めば、その本のストックが増える

1回転目 本のおおまかな流れやキーワードがわかり
読み手のストック(知識や情報)になる

2回転目 1回転目のストックがあるので速く読める

3回転目 ストックが徐々に蓄えられてさらに速く読める
詳しい内容に踏み込める

確かに何回も繰り返すより、1回で終わらせたほうが速そうに思えます。そこにとらわれて「繰り返して読む」という発想が浮かばないのです。

これまでの速読法も、この「1回で終わらせる」という思い込みにとらわれていたといえます。

チャプター1で紹介したように、擬似速読訓練として「同じ本を繰り返して読めば速読できる」ということはわかっていながら、これをあくまで「擬似」としてとらえてしまっていました。

そこから、繰り返しを使って速読しようとしなかったのです。

「なんだ、ただの繰り返しか……」と簡単に考えないでください。また「今までよりも何倍も読む時間がかかるのでは？」と心配しないでください。

繰り返し読むといっても、目次だけ読む、まえがき・あとがきだけ読む、見出しやキーワードだけを拾いながら読むといった、気楽な読み方でも構いません。とりあえずページをめくって眺めてみるだけでも効果はあります。

そんなちょっとしたことで蓄えられるストックに、ある力が加わることで大きな力になるのです。

◎「速読の複利効果」とは何か

その「ある力」とは、複利です。

資産運用の世界でよく見られる言葉で、お金を預けたり、運用したりするときに、元金によって生じた利息を、次期の元金として組み入れる方式のことです。つまり、元金の利息に加えて利息の利息が生まれ、さらに次期になると利息の利息の利息が生まれます。期を重ねるごとに利息が増加していくのです。

相対性理論を発表したアインシュタイン博士も、この複利について「宇宙でもっとも強力な力」といったと伝えられています。この複利の力は侮れないものなのです。

日本でも複利の力を表す話として、豊臣秀吉とその家臣の曽呂利《そろり》新左衛門の逸話が伝えられています。どんな話かといいますと、あるとき、新左衛門は秀吉から「褒美をやろう」といわれた際に「1日目にお米1粒、2日目には倍の2粒、3日目にはその倍の4粒というように、日ごとに倍の米粒を100日間もらいたい」と答えました。

秀吉は大した量ではないと承知したのですが、日を追うごとに膨大な量になることがわかり、詫《わ》びて別の褒美に変えてもらったという話です。

実際に計算してみると、10日目までには茶碗1杯分にもならないのですが、22日目で米俵1俵を超え、43日目には300万俵に達します。いわゆる100万石の大大名になってしまうのです。100日目には、到底支払えない天文学的な数字になります。速読においても、この複利の力が働くのです。

どんな読み方であれ、1回読めば、その本に関するストックが自分の中に蓄えられます。次に読むときには、1回目で蓄えたストックが加わるので、さらに多くのストックを蓄えることができます。

無限にストックが増えるわけではありませんが、ストックがストックを生むという複利効果が期待できるのです。

わからない場所にこだわらない

複利効果は、もちろん読むスピードにも働きます。ストックが増えると読むスピードが上がり、読むスピードが上がることで読める回数が増えます。

このために、いったん繰り返し始めると、読むスピードがどんどん上がって楽になり、どんどんと繰り返せてしまうようになるのです。

雪ダルマのために大きな雪玉をつくるときのことを思い出してみてください。そして、雪玉を速読におけるストックにたとえてみてください。雪玉は転がすうち、雪が雪をくっつけて、雪玉は加速力をつけて大きくなっていきます。

ただ一方で、転がすのはどんどん大変になって、転がすスピードは遅くなります。しかし速読の場合は、ストック（雪玉）が大きくなればなるほど、速くなります。そのため、転がる回数がさらに増えて、加速力がついて速くなっていくのです。

この複利の力を大きくするには、1回あたりに蓄えられる量を増やす（金利を高くする）ことも大事ですが、とにかく1回あたりの時間を短くして、回転数を増やすことが重要になってきます。

内容はわからなくてもいいので、とにかく目次や見出しだけでも読めば、その本に関するストックが蓄えられます。

そのストックが、次の回転のときに、速く読む力となるのです。

さらに次の回転のときには、さらに新たなストックが蓄えられて……というようにどんどんとあなたの中にあるストックは増えていきます。それがまた次の回転のときに読むスピードを速めてくれるのです。

①速く読むからストックが蓄えられる

←

②ストックが蓄えられるからさらに速く読める

←

③速く読むからさらにストックが蓄えられる

……というような複利効果によって、ストックの増加・スピードの上昇に加速がどんどんついていくのです。

なぜ誰でもすぐに速読できるのか

このように、繰り返しによる複利効果を活用しながら、ストックを効率的に蓄えて、

回転させることに意味がある！

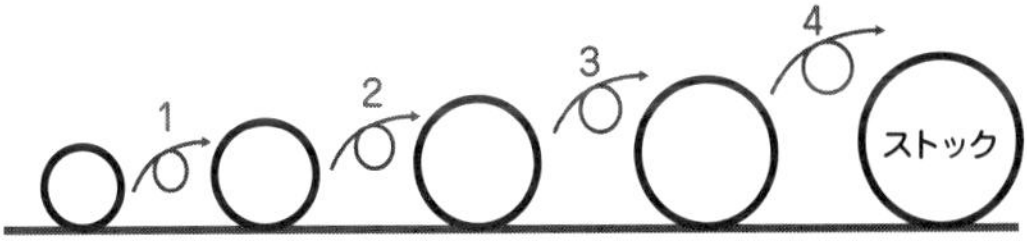

雪玉を転がせば次第に
大きくなるように
繰り返して読めば
ストックも増える

雪玉では大きくなれば
スピードが落ちるが速読では逆に
スピードが上がる

誰でも、どんな本でも速読できる方法、それが、私が提唱する「高速大量回転法」です。

文字どおり、本を「高速」で「大量回転」して読む方法です。

「高速」とは、「音にしないで見る」「わかろうとしないで見る」といった速読技術を使って読むことも含みますが、それだけではありません。

速読教室で訓練した人などは速読技術をどんどん使えばいいのですが、すでに説明したように、速読技術はストックがない状態で使おうとしてもなかなか効果を発揮できず、内容の理解も伴いません。

大事なことは、読もうとする本に関するストックをどれだけ蓄えられているかであり、できるだけ速く効率的にストックを蓄えることです。

そのために「高速」で読んで「大量回転」できるように、最初は読む範囲、対象を絞り込み、だんだんと広げます。具体的には次のような絞り込みを行います。

①目次、まえがき・あとがきなど、本の内容が要約された情報に範囲を絞って読む
②見出し、キーワードなどに対象を絞って拾い読み、飛ばし読みをする

このように、物理的に範囲や対象を絞り込めば、速読技術やストックの量・質にかかわらず、誰でも「高速」に読んで「大量回転」できます。こうしてストックを蓄えながら、だんだんと範囲や対象を広げていけばいいのです。

○繰り返して読むほうが速い

もちろん、こんな読み方で、たった1回だけで読み終えてしまえば、単なる部分読み、飛ばし読みです。だからこそ、「繰り返し」であり、「大量回転」なのです。

目次であれ、キーワードであれ、読めば、いくらかのストックが蓄えられます。そのストックをすぐに活用して「高速」で読み、範囲や対象を広げて読んでいくことで、本全体の理解を伴った速読ができます。

とにかく止まらずに、速く回転させて、回転数を増やすことです。

「なんだか、大量って大変そう」と思われるかもしれませんが、精読を繰り返すわけではありません。確かにこれまでの読み方の延長で、10回「読む」となると、骨が折れるかもしれません。しかし、10回「見る」だけと考えてみてください。

たとえば、小見出しに範囲を絞って読めば、次のページをめくるまでに要する時間はわずか数秒で済むでしょう。これぐらいの意識で、回転を気楽に考えることが「高速」で読むことを促し、結果的に大量回転を可能にします。そして、繰り返していくことで、だんだんと細かい内容に入ることができるのです。

やってみれば実感してもらえますが、これまでのように1回じっくりと熟読するよりも、10回「見る」だけのほうが、速く読めて、理解も深くなります。

最初は、とにかく「ただ見る」くらいの感覚で大丈夫です。そうやって気楽に取り組むことで、結果的に大量回転できて、速く、効率的にストックが蓄えられます。

そして、「音にしないで見る」「わかろうとしないで見る」という速読技術を発揮し、理解も伴いながら、速読できるようになるのです。

◎高速大量回転法が生まれたきっかけは？

高速大量回転法は、速読技術を訓練したかどうかを問いません（技術があれば申し分ないですが、なくても問題ありません）。

また、読む本に関する事前のストックがなくても平気です。予習するように、繰り返しによって効率的にストックを蓄えるので、誰でも、どんな本でも速読できる方法です。ストックを蓄えさえすれば、速読技術も楽に発揮できるようになるので、結果的に速読技術も活用して、最大限の速読力を引き出します。

速読力　＝　速読技術　×　（知識・情報・経験などの）ストック

速読力は、速読技術とストックの掛け算です。そして、速読技術はストックを蓄えさえすれば楽に発揮できるようになるものです。ストックを蓄えることに焦点を合わせれば、結果的に速読技術が発揮され、最大限の速読力が引き出せます。

高速大量回転法は、どんな本でも、理解を伴う、本当に役立つ速読のためには、これしかないといえる速読法なのです。

この高速大量回転法は、もともと速読法として考案したわけではありません。実は速読体験をもとに「速読訓練不要の勉強法」として生み出したものです。

その経緯については、２００７年に出版した『速読勉強術』（すばる舎刊、２０１０年にPHP研究所より文庫化）に書きましたが、私が速読を実践する中で気づいた二つの原則が土台になっていました。

第1の原則「速く読むから理解できる」
第2の原則「1回目よりも2回目のほうが速く読める」

それでは次のセクションから、この速読の2大原則について具体的に触れていきます。

高速大量回転法の2大原則を利用せよ！

SECTION 05

◎第1の原則「速く読むから理解できる」

私は速読ができるようになって、人から「そんなに速く読んで理解できるの？」と聞かれることが多くなりました。

「もちろん、理解できていますよ」と答えつつ、逆に私も、ほかの人がどれぐらいの時間をかけて本を読んでいるのかを聞いていきました。そのうちに「なんだ、そういうことか……」と気づいたのが第1の原則です。

多くの人が、本を読むのに「1週間かかる」「1ヵ月近く」といっていました。

それを聞いて、私は「そんなにゆっくり読んでいたら、逆に理解できないな」と思ったのです。

1週間もかけてゆっくりと1冊を読んでいては、だんだんと最初のほうに何が書かれていたかを忘れて、本全体の流れを見失ってしまうからです。

全体の流れや文脈をつかむためには、とにかくわからないでも先に進むことが重要なときもあります。

たとえば、あなたがパーティなどで、数人がすでに会話しているところに入っていった体験を思い出してください。最初、会話の内容がわからない、耳に入っているようで入ってこない、といったことはありませんか？

こんな場合、わからないながらも、会話を聞き続けているうちに「あ、そういう話をしているのね」とつかめるものです。あなたも、その途端に内容が理解できて、会話にも加われるようになったと思います。

本も同じです。わからないところを何度も繰り返して読むより、とりあえず前に進んで流れをつかむことでわかる場合も多々あります。つまり、速読で「速く読んでも理解できる」というより、速読で「速く読むから理解できる」のです。

逆に多くの人は「ゆっくり読めば理解できる」と考えています。わからないところがあれば、そこで止まったり、ゆっくり読もうとしたりします。

速読＝浅い読み方、精読・遅読（スローリーディング）＝深い読書と思われていますが、**ゆっくり読んだから理解が進む、深くなるとは限らないのです。**

◎精読よりも速読のほうが深く理解できる理由

ゆっくり読む人は、細かいところにとらわれがちです。「木を見て森を見ず」という言葉もありますが、細かいところにとらわれることで、かえって理解できないこともあります。

もちろん理解のためには、部分だけでなく、全体がわかることも大事だからです。「森を見て木を見ず」でもいけないわけですが、まずは森を見て全体を把握するほうが、われわれ人間には理解しやすいものです。

たとえば、プレゼンテーションのテクニックとして、何かを説明する際にまず「これには3つのポイントがあります」と伝えるように、冒頭に大枠から示す方法があります。いきなり細かい部分の説明をされるよりも、最初は大雑把でもいいので、大枠を示してもらう。このほうが、聞き手には受け取りやすく、そのあとの細かい説明も理解しやすいのです。

さらに、もっと単純なことでいえば、本によってはあとのほうにちゃんと詳しい説明が書かれているケースも少なくありません。さっさと読み進めればわかるところを、ある意味、無駄な努力をしてわかろうとしている場合もよくあるのです。

「繰り返す」という前提があるからですが、細かいところにとらわれたり、わからないところで止まらずに、とにかく大枠だけ、わかるところだけをまずは受け止めて、ざっくりと理解することが、本を深く理解するための近道なのです。

高速大量回転法で、最初に目次やまえがき・あとがきに絞って読んだり、わからなくても本文を「高速」で読むというのは、適当な読み方のようで、全体構造を把握し「木ばかりではなく森を見る」効果があります。

これが、第1の原則「速く読むから理解できる」です。

もちろん、1回で終わってしまえば、雑な読み方、浅い読み方になりますが、繰り返して、だんだんと細かいところ、わからないところに入っていくことで、速く、しかも深い読み方ができるのです。

精読や遅読でも読み進められれば、いつか全体構造も把握できて理解が進むでしょう。

しかし、なじみのない本、難しい本は、よほどの忍耐力や意志力、もしくは興味がない

精読よりも速読のほうが深く読める

精読

本の中に入り込んでしまっている

・最初のほうの場面を忘れやすい

・「木を見て森を見ず」の状態になる

高速大量回転法（速読）

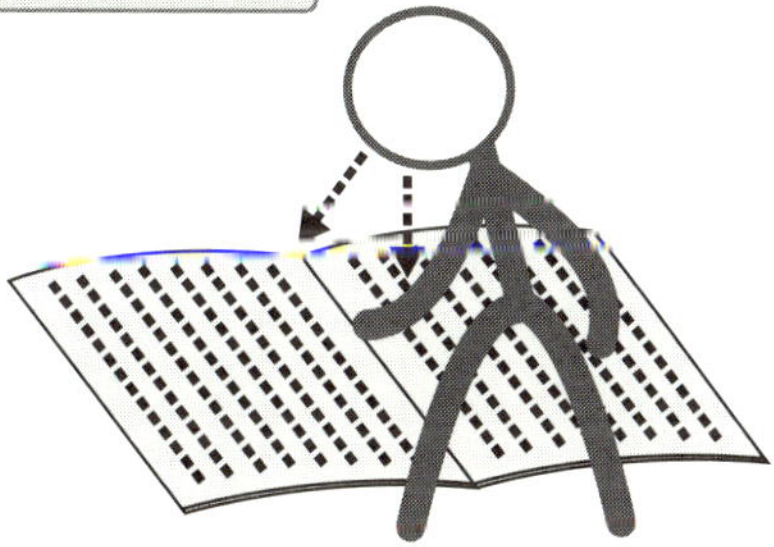

本を上から眺めながら入ったり出たりしている

・大枠をとらえるので全体がわかる

・繰り返すことで細かい部分も読める

限り、途中で投げ出してしまいます。難しい本ほど、ゆっくり読むのではなく、速く読み進めて何回も回転させたほうがよく理解できます。

◎第2の原則「1回目よりも2回目のほうが速く読める」

「高速」は第1の原則にかかわっていますが、もう一方の「大量回転」は、第2の原則「1回目よりも2回目のほうが速く読める」にかかわっています。

これに気づいたきっかけも、自分の速読体験からでした。

悪戦苦闘しながらも、なんとか速読できるようになった私は、だんだんと同じ本を何度も繰り返し読むようになっていました。

なぜかというと、速読できるようになると1回にそんなに時間がかからないので、1回読んでもそれほど疲れません。時間的余裕もできますから、もう1回読み返そうとすることが多くなったのです。以前に読んだ本を再読することも増えました。

その中で気づいたのが「1回目よりも2回目のほうが速く読める」ことでした。当時は気づいていませんでしたが、本書でここまで述べてきたように、ストックが蓄えられて、速読力になるからです。

具体的にいえば、**1回目よりも2回目のほうが本の言葉や文脈になじみ、全体の構造を知っているから**です。

実際、すでに紹介したように、速読教室で「擬似速読訓練」という繰り返し同じ本を読むことは行っており、その体験と結びついて「繰り返すことで速く読めるようになるのであれば、その力を意識的に使えばいいのではないか」と、第2の原則「1回目よりも2回目のほうが速く読める」を思いついたのです。

この第2の原則も非常に単純なことですが、ほとんどの人が活用していませんでした。まずは本を1回読み終わるまでに時間がかかり、一苦労なので、読み終わったらホッとしてしまって、すぐに読み返そうとはしません。

そのため、これを実感することが少ないからです。

◎難関試験に短期合格できた速読法

第1の原則「速く読むから理解できる」

第2の原則「1回目よりも2回目のほうが速く読める」

この二つの原則が組み合わさり、最終的に高速大量回転法が生まれたのは、2003年に1ヵ月でCFP試験（フィナンシャルプランナーの上級資格）に一発合格することをめざした試験勉強においてでした。当時、会社を辞めて独立したばかりだった私は、速読法が本当に役立つのか、一つの公開実験を試みることにしました。

試験は、その結果が明確に出ます。「このテキストを速読しました」といっても、ちゃんと理解、記憶していなければ、試験には合格できません。速読が本当に役立つことを示してみたかったのです。そのためにメールマガジンを創刊して、自分の試験勉強の様子を、その勉強の仕方も含めて報告していきました。

試験勉強で読む対象は、限られた数の問題集や参考書です。それを1ヵ月ものあいだ読み続けるわけです。1ヵ月は試験勉強の期間としては短いかもしれませんが、読書の期間としてはこれまでになく長いものでした。

必然的に、普通の読書では考えられないほど、何回、何十回というように、たくさん繰り返して読むことになりました。実際、試験に対応するためには確実な記憶が必要で、

「高速」と「大量回転」の相乗効果

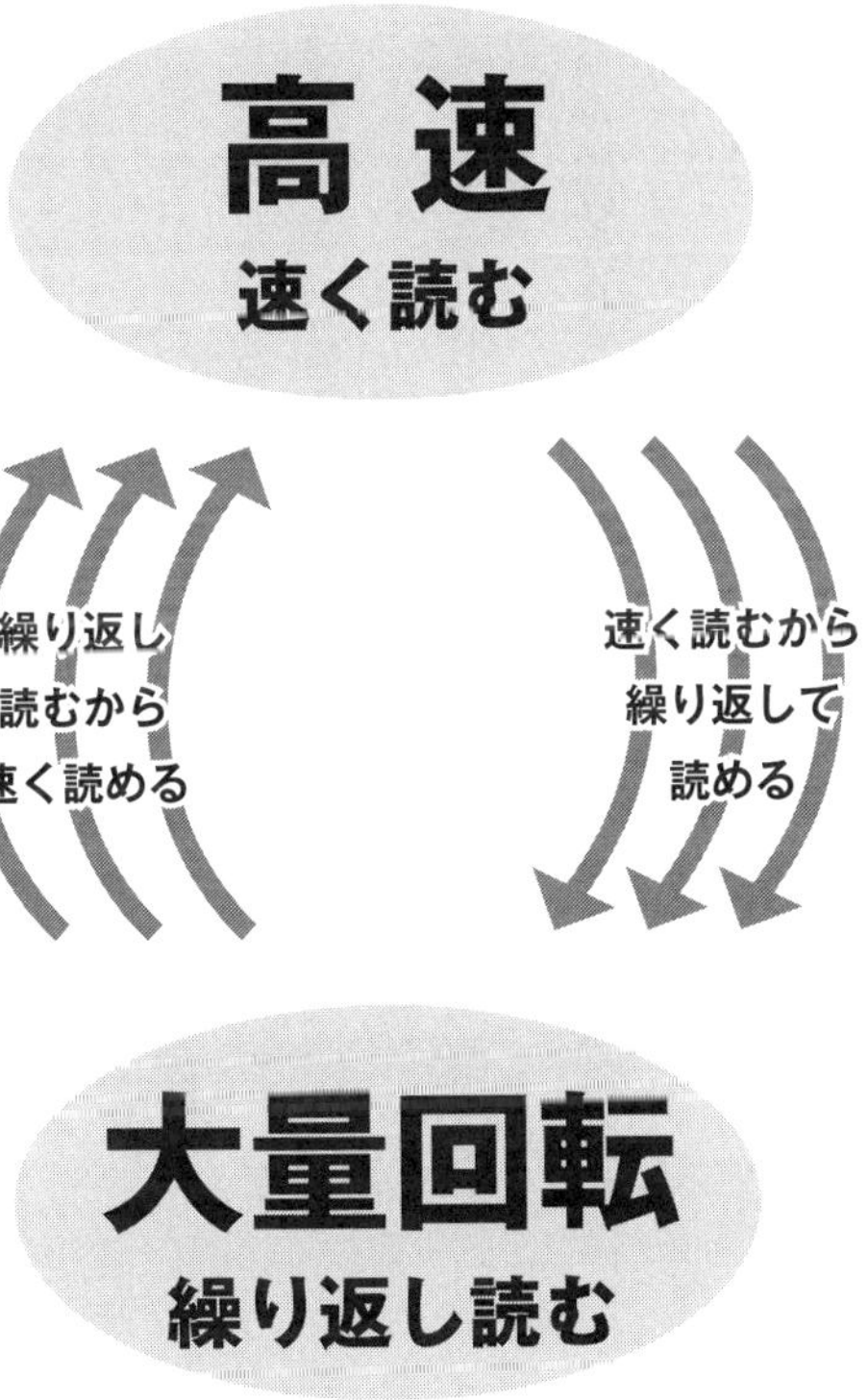

そのためには繰り返しが不可欠でした。

◎「高速」と「大量回転」の相乗作用

その繰り返しの中で「1回目よりも2回目のほうが速く読める」、さらには2回目よりも3回目、3回目よりも4回目というように、回数を重ねるごとにどんどん速くなっていくことを実感したのです。

速くなると、さらに繰り返し読めるようになります。それによって、さらに速く読めるようになり……と徐々に加速度がつき、勉強が進んでいきました。

①速く読むから繰り返せる
←
②繰り返すからさらに速く読める
←
③速く読めるからさらに繰り返せる

④繰り返すからさらに速く読める ←

こんな好循環が起きたのです。

一方、試験勉強をしている多くの人は、高速大量回転どころか、その逆の「低速少量回転」に陥っています。じっくり読むためにスピードが遅くなり、それに比例して時間がなくなってしまうので、なかなか繰り返せません。理解が進まないので、さらにじっくり読む……という悪循環です。

これは、試験勉強においては、通常の読書以上に「わかろう」「覚えよう」という思いが強くなり、ついつい読むスピードが遅くなるからです。

その結果、繰り返すどころか、テキストを1回も読み終わらないなんてことも起こり得ます。

①じっくり読むから理解も繰り返しもできない ←

②理解も繰り返しもできないから、さらにじっくり読む
←
③じっくり読むから、さらに理解も繰り返しもできない

じっくり、わかろうとして読むことで、逆に試験に落ちてしまうのです。

私は、この低速少量回転の悪循環から高速大量回転の好循環に変えることが、試験合格の秘訣《ひけつ》であることに気づきました。

そして、とにかく速く読んで、とにかく繰り返すこと、これを高速大量回転法と名づけて伝えていったのです。これが、高速大量回転法の生まれたきっかけであり、そのルーツは試験勉強法にあったのです。

当時のメルマガは、今も私のホームページ（http://www.utsude.com/）でバックナンバーを読むことができます。

また2010年にも、高速大量回転法がどれだけ試験に有効かを再確認するため、2ヵ月で行政書士試験の合格をめざして勉強し、合格しました。その結果はブログ（http://ameblo.jp/kosoku-tairyokaiten-ho/）で実況中継し、今も公開中です。

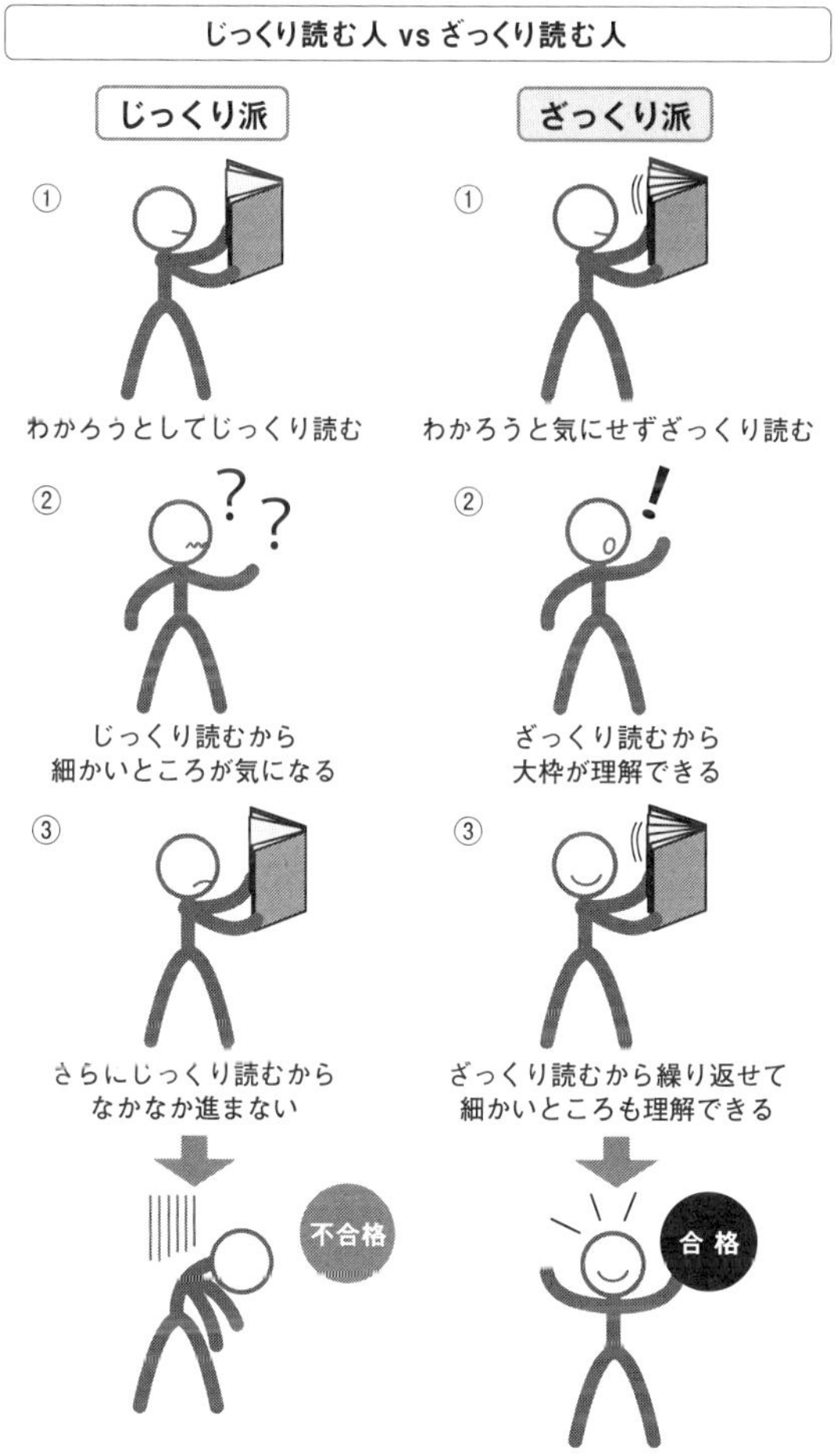
じっくり読む人 vs ざっくり読む人
じっくり派
ざっくり派
①
わかろうとしてじっくり読む
①
わかろうと気にせずざっくり読む
②
じっくり読むから
細かいところが気になる
②
ざっくり読むから
大枠が理解できる
③
さらにじっくり読むから
なかなか進まない
③
ざっくり読むから繰り返せて
細かいところも理解できる
不合格
合格

このことからも、高速大量回転法が現実的で実際に使える速読法であることが、わかっていただけると思います。

試験では結果がすべてです。「右脳」や「潜在意識」といった言葉だけでは合格できません。試験勉強から生まれ、そこで実証されているのが高速大量回転法なのです。

◎「繰り返す」から「わかろう」という思いを手放せる

さて、速読法としての高速大量回転法に話を戻します。

速読力 ＝ 速読技術 × （知識・情報・経験などの）ストック

高速大量回転法は、この式で表される速読力の二つの要素のうち、ストックを蓄えるための効率的方法であることをこれまで解説してきました。

ただ実は、高速大量回転法はストックを蓄えることだけでなく、速読技術の発揮にも直接働きかける面があります。高速大量回転法の「繰り返す」という発想が「わかろうとしないで見る」ことを、意識せずとも促進するからです。

もう二度と読まないとなると、どうしても今ここで「わかろう」としてがんばってしまいます。「わかろうとしないで見る」なんていうことは、なかなかできません。

①わからないところで止まってしまう
←
②わかろうとして、何度も同じ箇所を読み返す
←
③ついに集中力が切れて、途中で投げ出す

こういう行動パターンは、その典型例です。

これが「本は1回で読み終える」という前提を「本は繰り返して読む」という前提に変えるだけで、「また読むんだから」とわからないところで止まらずに進んでいけます。

つまり高速大量回転法の「繰り返す」という発想が「わかろうとしないで見る」という速読技術を自然と実現させてしまうのです。

◎技術はあとからついてくる

高速大量回転法でとにかく本を読み、回転し始めると、速読技術とストックの好循環が生まれてきます。どんどん速く、さらにたくさんの本が読めるようになるのです。

①速読技術が発揮できて速く読めるので、多くの本が読めてストックが増える
←②たくさんストックが蓄えられるから、速読技術がさらに発揮しやすくなる
←③速読技術が発揮できて速く読めるので、さらに多くの本が読めてストックが増える

といった好循環です。

いわゆる「読書家」と呼ばれる人には、この好循環が多かれ少なかれ起こっています。

そして一方で、本を読まない人には、これと逆の循環が起こってしまっているのです。

本を読む人はどんどん本を読み、読まない人はなかなか読めるほうにはならないのです。

高速大量回転法は誰でもこの好循環ができるようにし、さらにそれを加速させる方法です。とにかく、高速大量回転法を使って、「本を読む」サイクルに入ってください。

たとえば、世の中には、同じ分野の本を何冊も同時にまとめて読む、いきなり専門書を読むのではなく入門書から入る、といった読書法があります。これも、ストックを効率的に蓄えることに着目し、楽に速く本を読もうとしているわけです。

とはいえ、たくさんの本をまとめて読むにしても、入門書から読むにしても、1冊の本を読むのに時間がかかったり、途中で投げ出したりしていては、元も子もありません。

まずは、1冊の本にでも、そして難しい本にでも使える、高速大量回転法からスタートしてください。そこから読書の幅を広げてストックを蓄え、さらに幅広い速読力を身につければいいのです。

CHAPTER 3

30分あれば どんな本でも 速読できる

SECTION 06

最初に全体構造をつかむ

○なぜ30分なのか？

それでは、実際に高速大量回転法を使って、どのように本を速読していくのか、より具体的に解説していきましょう。本書以外で、あなたがこれから読みたい本を1冊取り出してください（なお、ここでは小説ではなく、主にビジネス書や自己啓発書、ハウツー本や専門書を想定しています）。

今からその本を、30分をめどに速読してみましょう。

「高速大量回転法は1冊30分の速読なんですか？」と思われるかもしれませんが、そうではありません。

「はじめに」からずっと書いているように、速読には読もうとする本に関するストックが大きく影響しており、ストックの質や量は個人によって違います。当然、読むスピードも理解度も変わってきます。

ここで紹介する1冊30分の読み方は、一つの標準パターンだと考えてください。

ただ、本を読むためには少なくとも30分は時間をとってください。いくら1冊10分で読めたと思っている本でも、繰り返し読むことをお勧めします。

確かに、その本に関するストックがあれば、理解も早く、あっという間に読めるかもしれません。しかし、ストックは理解を助けると同時に、誤解も生み出す元なのです。

いわゆる「わかったつもり」「わかった気になる」ことです。

「ああ、この話知っている」「こんなことならわかっている」となると、1回読んだからいいとなりがちです。しかし、そんな本でも2回、3回とあえて繰り返し読んでいくと、「こんなことも書いてあったのか」「自分とはとらえ方が違う」といった発見が必ずあります。読んでいたようで読めていなかったことが多いのです。

自他共に認める読書家であり、「千夜千冊」(http://www.isisne.jp/mnn/senya/toc.html)という本のブログを書き続けている松岡正剛氏（編集工学研究所所長）も、「本は二度以上読まないと読書じゃない」といっています。

それは、再読してみたら、ちゃんと読んだつもりがぜんぜん読めていなかったことに気づいたり、まったく異なる印象を受けたりしたことが何度もあったからだといいます。

速読は早食い競争ではありません。速く読み終わることが目標になっても意味がないでしょう。もし、1回10分で読んで十分という本があったとしたら、すでにストックにあることを確認しただけで、そもそも読まなくてもいい本といったほうが正しいでしょう。

◎本の情報が詰まっている目次

高速大量回転法の第1のコツは、最初は範囲や対象を絞ることです。範囲や対象さえ絞り込んでしまえば、誰でも高速大量回転し始めることができます。

そして、いったん高速大量回転し始めれば、ストックが蓄えられて、速く読めるようになっていきます。そこから範囲を広げつつ、さらに速く読み、理解を深めることが可能になります。とにかく、範囲を絞って高速大量回転し始めることです。

まずは「目次」です。ここから「音にしないで見る」「わかろうとしないで見る」という速読技術を使います。読むというよりも眺めるという感覚です。

目次を構成する章タイトルや小見出しは文章ではなく、いくつかの単語の組み合わせです。「音にしないで見る」ことはやりやすいでしょう。

しかし、編集・要約した言葉なので、抽象的な言葉も多く、なかなかすぐには理解できない言葉が少なくありません。ついつい「わかろう」として、ゆっくり読んでしまいがちです。**ここは、何回も回転する中でだんだんとわかればいいという気楽な思いで、とにかく「高速」で読むことがポイントです。**

目次のすべての情報を見るのがきつければ、最初は、小見出しは読み飛ばして、章タイトルだけでも構いません。とにかく範囲を絞って、高速で回転してみましょう。

目次はせいぜい10ページほどですから数秒で1回転できます。軽い準備運動のつもりで、1分で5回転ほどしてしまいます。

まずは目次を2分で10回転！

5回転する中で、目次に出てくる項目に関する知識や情報、全体の流れなどの情報が蓄えられてきます。また、実際に目次を読んだという経験も得られます。

たった1分ほどの間でも、最初に目次を眺めたときと5回転目では、目次を読むときの体験はかなり違ったはずです。だんだんとなじんでくるというか、目次に関するストックが蓄えられ、読むスピードも速くなり、楽に眺めることができるようになったでしょう。

ただ5回転したといっても、目次のすべてを記憶できるわけでもなく、まだ薄ボンヤリした状態でしょう。ある言葉はスッと頭に入ってきた一方で、ある言葉はまったくピンとこないで、頭が受け付けない、そんな状態かもしれません。

ちょっとイライラして、ピンとこない言葉、わからない言葉が気になって、そこをじっくり読みたくなる人もいるでしょう。しかし、そこで止まって「わかろう」としてじっくり読み始めてしまうと、従来の読み方に戻ってしまい、速読になりません。

ここは前のめりになるところを、あえて踏みとどまってください。そして、わからないところに突っ込む代わりに、さらにもう5回転してください。

もちろん、最初の5回ですべて腑《ふ》に落ちた方は、そこで回転をやめて結構です。高速大量回転法にはストックの量が関係しているのですから、個人差が出て当然なのです。

「目次だけで10回も繰り返して読むの？」

そう思われたかもしれませんが、読むスピードは回数を重ねる中で、どんどん速くなりますから、実際にやってみると思ったよりも楽にできるものです。

1分で5回転なら、2分で10回転です。しかもスピードは徐々に上がるのですから、実際にはもっと短時間で読めるでしょう。

◎「わかろうとしないで見る」技術のヒント

さて、目次を数分間で5回転、10回転しましたが、その中で「音にしないで見る」「わかろうとしないで見る」という速読技術も、だんだんと使えるようになったでしょう。

目次は長い文章ではないことや、範囲が絞り込まれているため、一気に大量回転できます。そのため、速読技術が発揮しやすく、その感覚をつかみやすいのです。

これから、まえがき・あとがきや本文にも入っていきますが、文章になると、どうしても「音にしよう」としたり、文章の論理的な流れをつかもうとして「わかろう」としたりしてしまいます。まずはたった今、目次を回転する中でつかんだ「音にしないで見る」「わかろうとしないで見る」感覚を覚えておいてください。

ここで大事なのは、身体の感覚です。

「音にしないで見る」「わかろうとしないで見る」状態というのは、姿勢でいうと、前のめりにならずに、全体を眺めるように少し引いた状態です。

「わかった」と喜んだり「わからない」と落ち込んだりするのでもなく、わかったところもわからないところも、そのまま受け止めている落ち着いた状態です。

わかる・わからないに一喜一憂するのではなく、どこがわかるのか、わからないのかを、事務的に切りわけていくことに集中するのです。

こうすることで、楽に速読を行えるようになります。「わからないところ」がどこか、何もかもわからない状態と比べてみてください。「わからないところ」についてはわからないままなのですが、それがどこにあるかが「わかる」というのは大きな一歩です。

また、「ついつい音にしようとしてしまう」という人がいるかもしれません。

そんな人は、本を見ながら、そこにある文字と頭の中にあるストックを響かせるようにしてみてください。音をなくそうとするのではなく、ストックと響かせることで、音にしようとするのをなくすのです。

文字はもともと、われわれ人間が声に出し、音にしていた言葉を形にしたものです。本を読む、その内容を理解するために、音は決してなくなりません。ただし、毎回、音

わからないところで止まらない！

わからないところで止まっている

わかるところとわからないところに切りわけ
とりあえず先に進んで回転する

にしなくても、すでに音にした経験がある言葉は、音が思い出され、理解できるのです。

逆にいえば、1回も音にせず、読んだこともない言葉を、見るだけでは理解できないでしょう。そんな言葉や言い回しは、音読することも必要です。何度か音読すれば、もう毎回、音にしようとしないでも、理解できるようになります。

◎目次の次は「まえがき・あとがき」

目次を5～10回転して、目次になじみ、全体の流れもなんとなくつかんだら、次は「まえがき・あとがき」（本書のように「はじめに・おわりに」といった表現になっている本もあります）です。**なぜ本文にすぐ入らないかというと、まえがき・あとがきには、その本の目的や最終的な結論がコンパクトにまとめられていることが多いからです。**

まえがき・あとがきを読むことによって、本文を読むことに役立つ知識や情報などのストックを、効率的に蓄えることができるのです。

私自身、何度も体験していますが、本を書くというプロセスの中で、本で書いている内容を深め、理解し、新たな発見が起こるものです。書いている中で、自分がいいたいこと、書きたいことが何なのかが理解できることはよくあります。そして、書き終わったばかりの熱々の状態で書くのが、まえがきであり、あとがきなのです。

このため、まえがき・あとがきには、著者の問題意識や一番伝えたかったこと、その本の全体構成などが、簡潔に、しかも熱く語られているものなのです。

◎「まえがき・あとがき」も読まずに〝見る〟

目次と違って「まえがき・あとがき」は文章で書かれていますが、もちろん、ここも一字一句読んだり、じっくり読んだりするのではありません。できるだけ「音にしないで見る」「わかろうとしないで見る」を意識して、「高速」で読んでいきます。1回でわかろうとするのではなく、何回も繰り返して「大量回転」していきましょう。

目次を回転する中で覚えた感覚を思い出しましょう。一歩引いた姿勢、淡々とわかるところとわからないところを切りわける、そして、頭の中のストックに響かせる感覚です。

もし、見出しがついていれば、まずは見出しだけを拾い読みしたり、その本の目的や結論を書いてあるところだけを探して読んだり、まえがき・あとがきの中でもさらに対象を絞ることで、楽に高速大量回転できるようになります。

翻訳書であれば、訳者あとがきなどもついていることがありますが、それも非常にコンパクトな要約になっていることが多いので、まずはそこを高速大量回転しましょう。

まえがき・あとがきを読むにあたっては、先ほど蓄えたばかりの目次に関するストックが役立ちます。そこで蓄えたキーワードをはじめとする言葉、全体の流れなどに照らし合わせることで、まえがき・あとがきも最初から速く、深く読むことができます。そして、繰り返すことで、まえがき・あとがきに関するストックを蓄えて、さらに速く、深く読めるようになります。5～6分の間に10回転することを目標に回転してみましょう。

◎本を「読んだ」といえるためには?

ここまで、目次とまえがき・あとがきに絞って回転しました。時間は10分足らずです。従来の読み方であれば、10分足らずでは、本文をせいぜい十数ページほど読み進めたぐらいでしょう。また、いわゆる「1冊10分!」の速読であれば、本文すべてを1回読めたかもしれません。

では、いずれのパターンがその本を「読んだ」といえるでしょうか？

普通に考えれば、目次やまえがき・あとがきしか読んでいないのであれば、たとえ少しでも本文を読んでいるほうが「本を読んだ」といえるかもしれません。

しかし齋藤孝氏は、先ほども紹介した『読書力』の中で「本を読んだというのは、まず『要約が言える』ということだ」と述べています。この「読んだ」の定義を、もっともだと賛成する人は多いでしょう。

さて、改めて、いずれのパターンがその本を「読んだ」といえるでしょうか？

ためしに、目次、まえがき・あとがきから得た情報から、この本がどんな本かについて語ってみてください。あいまいなところはありながらも、かなり語れたでしょう。

こう考えると、目次やまえがき・あとがきに範囲を絞って高速大量回転するほうが、本文を読むよりも「読んだ」といえるのです。

もちろん、目次やまえがき・あとがきだけを読めばいいとか、それだけで本がわかるということではありません。とはいえ、10分あれば、繰り返し読むことでストックを蓄え、目次やまえがき・あとがきを速く、深く読めるようになります。よく知っている本に限らず、難しい本であっても、その本について語ることができるようになるのです。

SECTION 07

対象を絞って楽に回転する

○本文は見出しの拾い読みから入る

いよいよ本文に入っていきますが、ここでも「音にしないで見る」「わかろうとしないで見る」という速読技術をできるだけ使っていきます。そのためにも、**いきなり本文全体を読むのではなく、対象を絞り込んで、徐々に広げていくことが必要です。**

具体的には「見出し」です。本文のページをすべてめくっていくのですが、まず見出しという対象に絞って眺めていくのです（なお、本のカバーは回転しやすいようにはずしておきましょう）。

これは、ページをめくるという作業をのぞけば、やっていることは目次の回転と同じです。すでに蓄えられたストックがあるので、楽に、そして速く見ていくことができます。

前もって目次読みを行っているので、すでに知っている、なじんでいる言葉を見ていくことになりますから、楽に速くできるわけです。また、見出しだけを眺めるといいながらも、自然と見出し以外の本文や図表も目に入ってきます。

「ああ、こういうことなのか」「これがキーワードだな」というように、自然と目に入ってくる情報があります。「こういう本なんだ」といった本全体の印象もわかってきますし、そうなると本自体になじんできます。

そのほか、見出しを読み進めていくうちに、「これは何だろう？」「この見出しはどんな意味だろう？」と、気になる部分が出てくるでしょう。

そこで「わかろう」として本文自体を読みたくなるかもしれませんが、数分で読み終わることなので「わかろう」とせずに、グッと我慢しましょう。

◎分厚い本もすぐになじむ読み方

「見出しだけでいいんだ」

そう思うと、本のページをめくることが気楽になりませんか？

新しい分野の本、難しい専門書などは、ページを開くのも、抵抗を感じるものです。

私も先日、知人から「宅建試験を受けようとテキストを買ったけれども、なかなか読めなくて……」と相談を受け、この見出しに絞って読み始めることを伝えました。

すると翌日、早速「自分も宅建のテキストを見出し読みし始めた」という報告を受けました。発想が変わって「分厚いテキストを、楽に見られるようになった」とのことです。

いきなり本文をすべて読み、理解しなければならないとなると、その分量に圧倒されてしまいます。ですが「まずは見出しだけでいい」となると、覚えるべき情報量が一気に少なくなるので、自分のコントロール下に置けるようになります。

最初はわからなくても見出しを回転させて見ていると、何らかのイメージができて、なじんできます。それを土台にすれば、もし完全に理解できなかったとしても、本文もストレスなく読めるようになるのです。5〜6分で3回転を目標に読んでいきましょう。

◎毎朝サッと新聞に目を通すような感覚で

さて、この見出し読みですが、最初のうちは慣れないと感じるかもしれません。しかし、あなたも実はすでに似たようなことを日々行っているのではないでしょうか。

それは何かというと、新聞を読む場合です。

一面から終面のテレビ欄まで、順番にすべての記事をきちんと読み進める人は、めったにいないと思います。多くの人は、毎朝そんなことをしている時間はないでしょう。「私はスポーツ欄から」「いや、一面のコラムから」などと自分の習慣に沿いつつも、紙をめくって、見出しを眺めながら、見出しが気になった記事を拾い読みするのが一般的です。毎日すべての記事を読まない、あるいは、しばらく新聞を読まなかったとしても、罪悪感を持つ人は少ないでしょう。けっこう自由に読んでいるのです。

それなのに、本になると、とたんに身構えてしまうのが不思議なところです。**新聞を読むときには自然と拾い読みをしているのだから、本でも実行してみてください。**

◎速読を加速させる「本へのあいづち」

さて、次からはいよいよ本文への読み方に入っていきますが、その前に「わかろうとしないで見る」ための簡単なコツを、もう一つ紹介しておきましょう。

見出し読みの活用

新聞で見出し読みしているなら
本でもできるはず!

それは、本の内容に「共感」することです。

「そうか！」
「なるほど」

こんなふうに、見出しはもちろん、著者の話にあいづちを打ちつつ、否定せずに受け止めながら読むことです。テレビに出てくるお笑いコンビの突っ込み役だと思えばいいかもしれません。突っ込みは、長々と話をしません。まるで歌の合いの手のように、相手の話を盛り上げ、広げるために、短い言葉で間合いよく入れていきます。

ただし、これは本の内容、意見、主張に必ず賛成せよ、という意味ではありません。よく、批判的に本を読むことの大事さがいわれています。それを否定しているわけではありません。

いきなり、賛成・反対、正しい・間違っていると評価判断を下すのではなく「そうか、この著者はこう思っているんだ」というように相手の主張をそのまま受け止めるのです。とりあえずは相手の話をいったん聴く、というイメージで考えてもらえばいいでしょう。

実りある批判を生み出すためにも、まずは「共感」することが大事になります。打ち合わせや話し合いなどでもよくあることですが、相手の話の途中でケチをつけたり、細かく詮索したりすると、本質に入らないまま、話が無駄に長引いてしまいます。

本も、これと同じです。とりあえずは「なるほど」と、相手の主張・意見を受け入れつつ聴くように読むことが、速く読むことにつながるのです。

速読教室の中には、「なるほど」と心の中で唱えることが、速読の究極のコツといっているところもあったりします。**ぜひだまされたと思って、「なるほど」と心の中でつぶやきながら読んでみたり、まずは形からで、うなずきながら読んでみてください。**

こうすることで、自然と「わかろうとしないで見る」ために必要な「心の鎮まり」が生まれます。集中力も途切れません。ぜひ試してください。

◎前半の15分で本全体の構造が見えてくる

こうして本全体のページをめくりながら、見出しに対象を絞り込んで3回転行います。本のページ数などによりますが、一般的な書籍であれば5～6分で済むでしょう。

最初からここまでにかかった時間は、目次、まえがき・あとがき、さらに本文の見出しと範囲・対象を広げてきて、約15分です。**この最初の15分で、本全体の流れ、本文に出てくる言葉など、かなりのストックが蓄えられてきます。**

そのほか、どこに興味を引かれるか、引かれないかといった感触も得ているでしょう。それは本を開く前に思っていたこととは違う可能性があります。ある目的で人に会いに行ったら、当初の目的とは違うところで盛り上がったなんていうことはよくある話です。

さらには、そこには目次やまえがき・あとがきも含め10回転以上したという経験があります。その経験が、本に対する親近感を生み出し、脳をリラックスさせ、さらに細かいところに意識を向ける余裕を生み出していきます。

◎後半の15分で回転しながら細部に入っていく

前半15分の高速大量回転の中で蓄えられたストックの力で、本を楽に速く読めるようになっています。**残り15分でも、さらに回転を続けてストックを蓄えながら、だんだんと細かいところに入っていきます。**

ただし、ここでも範囲を絞りながら、だんだんと広げることが重要です。まずは気になる言葉や箇所を中心にして読んでいくのです。

先ほど、本全体のページをめくりながら、見出しに絞って読んでもらいましたが、その中でも、本文の言葉が目に入ってきて、気になった言葉があったかもしれません。

また、目次や見出しを読む中で「読みたい！」と興味を強く引かれた章もあったでしょう。

今度はそういった言葉や章を中心に読んでいくのです。

そして、ここでも高速大量回転です。1回でわかろうとせずに何回も繰り返すことを前提にして、「音にしないで見る」「わかろうとしないで見る」といった速読技術を意識しつつ、何回も回転させていきます。

何か気になる言葉があれば、先ほどの見出し読みのように、キーワードだけを探しながら、それが含まれる文章やその周辺を中心に読んでいきます。

この際も、じっくり読んで理解しようと思わずに、楽に眺めながら何回も回転させて、だんだんとわかることをめざします。そして、そこからだんだんとさらに範囲を広げて回転させていくのです。

30分で本を速読するメソッド

①最初の2～3分で
目次を5～10回転

②まえがき・あとがきを
5～6分で10回転

この時点で
本の要約ができる！

③本文は見出しの
拾い読みから

5～6分で3回転

④残りの15分で自分の
気になった言葉・箇所
を中心に回転読みする

◎「全体」と「部分」を常に往復

気になる言葉や章などを中心にして読み、高速大量回転を行いながら、その途中でぜひ入れてもらいたいのが、目次読みや本全体の見出し読みです。

これまでにかなり目次や見出しに関しては回転させていますが、気になるキーワードや章などの部分に突っ込んだあとで、再度全体を見ると、新たな発見がよくあるからです。

たとえば、本全体の流れやその主張がより深く理解できることもありますし、全体の流れからキーワードや章を眺めることで、よりそれぞれについて理解が進むこともあります。

また、今まで気づかなかったキーワードが見えてきたり、これまで興味が湧かなかった章についてその重要性が理解できて、がぜん、その章を読みたくなったりもします。

このように全体と部分を行ったり来たりすることも、止まらずに高速大量回転し続けるためのコツです。気になる箇所があると、そこにはまりこんで、気がつけばゆっくり読んでいることはよく起こります。そんなときに、全体に戻って眺めることが効果的です。

SECTION 08

「今わかったこと」が本のすべてではない

◎速読という読み方、理解の仕方に慣れるために

さて、30分で読みたい本を高速大量回転してみて、いかがだったでしょうか？

従来の読み方とは、まったく違った感覚だったと思います。

最初は「こんな読み方でわかるの？」というような、漠然として、モヤがかかったような感じだったかもしれません。でも、おそらく途中から急にモヤが晴れて、理解が進んだ瞬間があったのではないでしょうか？

ぜひ、この従来の読み方とは違う速読、高速大量回転法の感覚に慣れてみてください。

「ついつい、音にしようとしてつぶやいていた」

「すぐにわかりたくなって、結局これまでと同じ読み方になった」

そんな人がいるかもしれません。速読は従来の読み方の延長ではなく、質の違う読み方なので、やはり慣れが必要です。高速大量回転法を実践する中で、速読の感覚は必ずつかめます。

◎30分で読めなかったらダメなのか

「30分では読み終わらなかった」
「わからないことがかなり残っている」

そんな人もいるでしょう。30分というのはあくまで目安です。当然、手に取る本の難易度や分量によって、読める割合や理解度は変わります。そして、仮にすべての本文に目を通せなかったり、すべて理解できなかったりしても、落ち込む必要はありません。読んでみてわかったこと、わからなかったことを振り返ってみてください。

「わからないこと」がどこかわかるのも、大きな前進です。「わからないこと」こそ、実は大きな意味があるかもしれません。これまでの自分の枠を超えたもので、自分を成長させる糧となってくれる可能性があります。

また、高速大量回転する中でストックを蓄えるとはいえ、すべて理解できるわけではありません。

ただし、速読して繰り返し読んでもわからない場合は、いくらゆっくりじっくり精読しても、おそらく理解できないでしょう。今のあなたには、ちょっと荷が重かっただけなのです。

◎「読んでよかった」と思える本とは？

一番やってはいけないのは、わからないのにわかったふりをすること、わかったつもりになることです。これをやれば、自分の枠にとどまり、思い込みを強くするだけです。

むしろ、**わからないところを探すのが読書だ、ととらえるぐらいでちょうどいい**のです。

ノンフィクション作家である佐野眞一氏は、本について次のように語っています。

「本当にいい本には、実は解答はありません。そのかわり、読者を考え込ませます。本に解答はない。思い切った言い方をすれば、そうなります。解答がない本が一番いい本です。設問がたくさんある、問題が山ほど詰まっている、これはどうだろう、あれはどうだろうと思わせてくれる本が、実は一番いい本です」(『だれが「本」を殺すのか 延長戦 PART2』プレジデント社)

今後、さらに読書し、経験を積む中で、同じ本でも読書経験は変化します。今回の読書経験を大事にしつつ、その本とあなたとの関係の変化を楽しみにしてください。

○速読後の注意点

「たった30分でここまで理解できるとは思わなかった」
「30分でラクラクと読み終えることができた」

もちろん、そんな体験をした人も大勢いるでしょう。ぜひ、その感覚を忘れないでください。そして、さらにこの高速大量回転の経験を重ねてもらいたいと思います。

同時に、30分の速読で知り得た内容が、その本のすべてではないことも忘れないでください。今は「わかった！」と思っていることも、実は「わかったつもり」かもしれません。

あとで読み返したら、ぜんぜん違う考えに至る可能性もあります。これは、読んではいない時間に、あなたのストックが変化したからです。

たとえば、あなたが将来の独立をめざして、学生時代やリフリーマン時代に経営学の本を読んだとしましょう。同じ本を起業したあとで読み返せば、以前とは異なる感想を持つはずですし、理解度も違うはずです。本から離れている間に経営に関する経験値がつき、実体験を通して経営の知識も得たからです。

◎速く読み終えた本とも長くつき合う

もし、本当に「全部わかった！」というのであれば、実はあなたにとって残念な本だ

ストックがもたらす変化

サラリーマン時代に経営学の本を読んでも
それほど大事だと思わなかったところが……

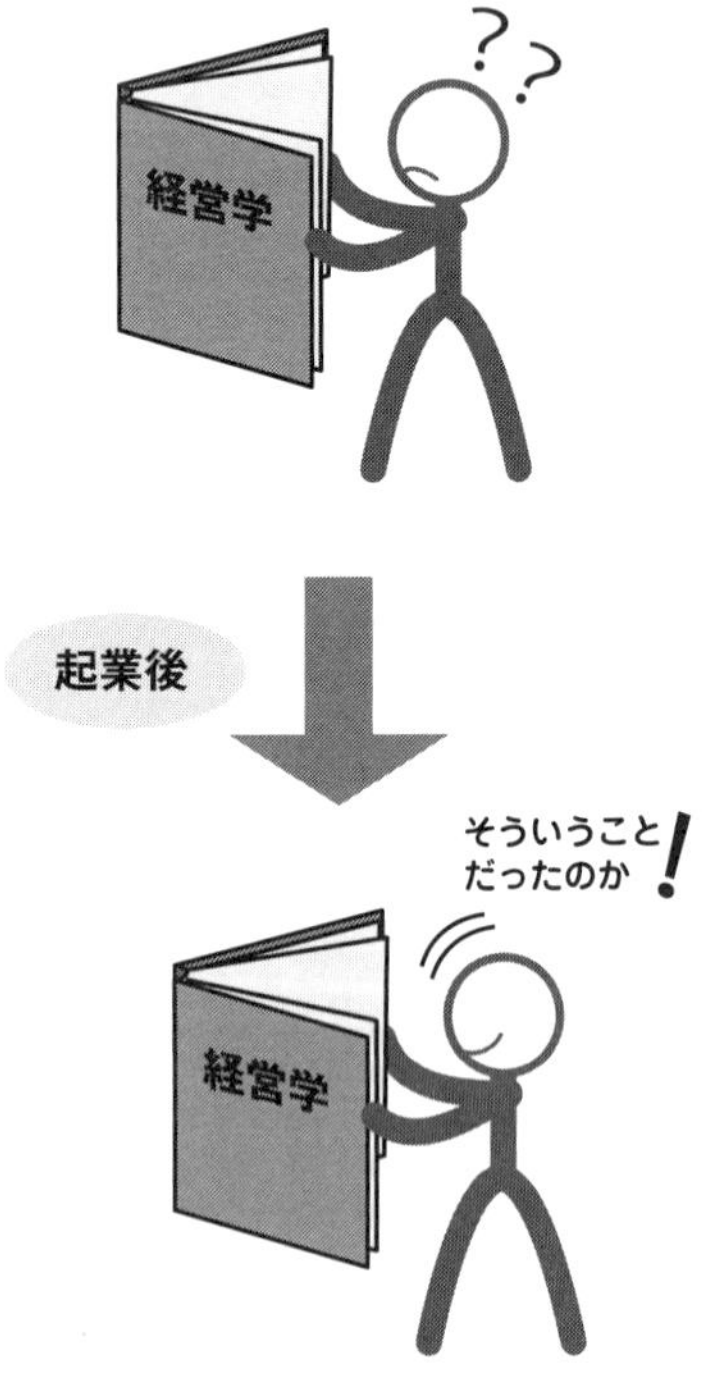

同じ本を読んでもよくわかる。
起業して知識や経験を得たためストックが増えた

ったかもしれません。あなたが知っていることを確認しただけかもしれないからです。

そういう場合は、本とのつき合い方を見直す機会を持ちましょう。**時間にこだわって速く読める本ばかり選んでいては、それこそ時間とお金の無駄です。**

30分で読み終えて、確かに理解はしたけれども、それでもどこか引っかかっている部分がある。こういう経験をお持ちの人も、少なくないと思います。

それこそ、読書が本来持っていたはずの姿ではないでしょうか。

1冊の本を読み終えて、理解できたとしても、それは「今のあなた」が理解できたことです。10年後のあなたには、また違った理解に及ぶかもしれない。10年前の自分では気づけなかったことに気づくかもしれない。

そう考えれば、読書に終わりはないと考えてもいいと思います。**短時間で読み終えて何も残らなかった本より、読み終えたあとも長く引っかかっている本のほうが、絶対に私たちの糧となるからです。**本とは、そういう長いつき合いを心がけたいものです。

さて、ここまで読んできて、みなさんも今まで「読んだ」と思ってきた本を読み返したくなったかもしれません。

その上で、そもそも「速読」とは何か？　「読書」とは何か？　さらに考え始めた人もいるでしょう。この点は、次のチャプターで深く突っ込んでいきます。

◎小説だって速読できる

このチャプターで紹介した30分で読むというパターンでは、目次に始まり、まえがき・あとがきと読んで、そのあと本文に入っていくというプロセスでした。

このため、

「試験勉強や何かを学ぶための本は速読できても、小説ではできないのでは？」

そう思う人がいるかもしれません。

確かに、小説では目次を読んだからといって全体像がわかるわけではなく、見出しもなかったりします。また、あとがきはともかく、まえがきはない場合が普通です。

そもそも小説は、最初からじっくり読む中で、だんだんと全体像が浮かび上がってくるところに楽しさがあったりします。推理小説などはその典型でしょう。

ただ、小説はもともと速読しやすい本でもあるのです。

というのも、小説は新しい知識、情報といった要素が少なく、その本に関するストックがすでに蓄えられている場合が多いからです。「音にしないで見る」「わかろうとしないで見る」といった速読技術を発揮しやすいのです。

また、小説は場面イメージや人物イメージといった内容に関するイメージが浮かびやすいことも、速く読むのを助けてくれます。

もちろん、小説は時間をかけて言葉一つひとつを音にして味わって読むのが、オーソドックスな読み方でしょうし、その読み方ならではのよさはあります。ただ、まったく別の読み方として、「音にしないで見る」「わかろうとしないで見る」といった速読技術を使って読んでみると、また違った味わいが感じられます。ぜひ試してみてください。

その本に関するストックさえあれば、繰り返し読んでストックを蓄えなくても、「音にしないで見る」「わかろうとしないで見る」という速読は可能です。

そして、**なかなか小説を読めない人、難しい小説を読む人に高速大量回転法はお勧めです。**

たとえば、外国の古い小説などは、地名も人名も初めて聞くものや耳慣れないものが多く、そこに意識が向いてしまいます。すると、速く読めないどころか、深く味わえない場合が少なくありません。

こういう場合は、ざっくりとまずは1回目を通してしまうのです。そして、2回、3回と回転させていきます。最初にあらすじを知ったからといって、その小説の面白みがなくなるものではありません。

このチャプターで紹介した読み方はあくまで参考としての標準パターンです。

速読力 ＝ 速読技術 × （知識・情報・経験などの）ストック

「音にしないで見る」「わかろうとしないで見る」という速読技術と、自分の中に蓄えられたストックを意識しながら、とにかく、範囲・対象を絞りつつ、繰り返して読む高速大量回転法を試してみてください。

CHAPTER 4

効率性を重視しすぎる「危険な読み方」

SECTION 09

何が速読をダメにするのか

○読書とは知識や情報の「ダウンロード」ではない

高速大量回転法を実践すると、同じ本を読んでいても、回転してストックを蓄える中で、読書スピードや理解度はもちろん、その本から受ける印象や気づくことが変化するのが感じられます。読書とは、本と読み手の双方がかかわって創り出す経験だからです。

しかし、読書というと「コンピューターのダウンロードのように、本から読み手に情報や知識が一方的に送られる」というようなイメージを持っていませんか。これは、小学校などの授業の影響で「本＝学校の先生」であり、「読書＝先生が教える内容をそのまま学ぶもの」というイメージを、多かれ少なかれ引きずっているからです。

このため、読書というと、何か新たな知識や情報を真っ白な自分の頭に入力する、いわば、ダウンロードするというイメージを持ちやすいのです。

しかし実際は、本に書かれた内容はそのまま脳にダウンロードされるのではなく、読み手が持つストックと反応します。

その反応の中で新たなストックが蓄えられたり、今までとは違う意見や考えを持つに至ったりして、読み手は変化するのです。こうして、読み手が変化しているため、同じ本でも、同じ文章でも次の回転ではまた反応は変化し、読書経験は毎回変化しているのです。

読書は一見、静かな行動のように見えますが、そこで起こっていることをよく見れば、さまざまな反応や変化が起こっているダイナミックな体験なのです。

○ストックを有効活用する「エコ」な読み方

しかし、ほとんどの速読法が、この「読書＝ダウンロード」という発想に立っています。このため、速読に大きくかかわっている読み手のストックを無視、もしくは軽視しているのです。

そして、とにかく〝ダウンロード速度〟を上げようとして、視点を素早く移動させたり、視野を拡げたりして、ダウンロードの回線を太くしようとしているわけです。高速ダウンロードさえしてしまえば、あとは脳が処理してくれると考えているのです。**実際には、人間の脳はコンピューターと違い、本から読み手への一方通行のダウンロードは起きません。**読書とは本と読み手とのいわば「コラボレーション（協働作業）」であり、本と読み手との間に起こる共鳴現象といったほうがいいものです。

そして本来の速読とは、本と読み手のストックとの反応・共鳴を積極的に活用する読み方です。

もちろん、従来の読み方でもストックとの反応・共鳴は起きています。ただ「わかろう」と意識して音にして読んでいると、本にだけ意識が向いていて、自分の中で起きている反応・共鳴には意識が向かず、それを活用できていません。

一字一句、その意味や論理的なつながりを考えながら理解していく従来の読み方に比べて、速読とは、すでに持っている、あるいは新たに蓄えられたストックを有効活用する「エコ」な読み方といえるのです。

これまでの速読法が、このストックの力に目をつぶっている中で、高速大量回転法では真正面から向き合っています。

読書は脳へのダウンロードではない

ダウンロード発想

一方的に本から読み手に情報や知識が書き込まれている。
実際にはこうならない

実際の読書で起きていること

本からの情報や知識と読み手のストックが反応して
記憶・理解が進む

高速大量回転法を実践し、速読体験を積み重ねていくにつれ、本を読むときに自分の中で起こっている反応・共鳴にどんどん敏感になってきます。

本の中の言葉や文章から、自分の過去の記憶が思い出されたり、さまざまな感情が起こったりしているのも自覚できるようになってきます。読書におけるストックの力を自覚し、活用できるようになるのです。

速読というと、とにかく速さを追求する表面的で浅い読み方のように思われがちです。しかし、実際は、読み手のストックを目一杯使って読むために、感情や身体も含めたすべてを投入する深い読み方です。このため、従来の読み方より、速読のほうが、その本の世界にどっぷりと入りこみ、深く味わえるともいえるのです。

◎極意は「本を読んでいる自分を読む」

昔よく読んでいた、ある速読に関するサイトに次のような言葉がありました。

「速読とは本を読むのではなく、本を読んでいる自分を読むことである」

これを読んだ当時はピンときませんでしたが、今はこれが速読の極意だと思います。「本を読んでいる自分を読む」とは、自分の中で起こる本と自分との反応・共鳴に意識を向け、それを受け取ることだと思うからです。

多くの速読法では、本に対する集中力を高めるためとして、腹式呼吸など呼吸のコントロールや、姿勢など身体のコントロールによる訓練を行います。

しかし、**実際に速読で重要なのは、本との反応・共鳴を起こりやすくし、それをしっかりとらえることです。**

本との反応・共鳴は起こしながらも、それに引っ張られない……。たとえていえば、響きのいい太鼓のような、リラックスした集中状態です。

この状態に入るために、何も特別の訓練をする必要はありません。これも同じ本を繰り返して読むことで自然と手に入るものなのです。高速大量回転する中で、その本になじみ、そこに出てくる言葉や文章にだんだんと慣れていけば済むことだからです。

速読教室で行うような訓練によって心を鍛えなくても、速読に必要な集中力は手に入ります。繰り返して読むということだけで十分なのです。

◎速読の弱点もストックに潜んでいる

このように、高速大量回転法にしろ、従来の速読法にしろ、本来速読とはストックを積極的に活用する効率的な読み方です。しかし、だからこその弱点があります。

ストックを活用するというのは、逆にいえば、ストックに依存した読み方ともいえるからです。読み手が持つストックによって、読書スピードや理解度が大きく変わるのはもちろん、自分の持っているストックに引っ張られて本の内容を早とちりしたり、ストックの範囲で理解したつもりになったりする危険性があります。

「あっという間に10分で読めた！」
「パラパラと読んだだけでわかった！」

そんなふうに「読めた！」「わかった！」と思っている場合は、実はただ自分がすでに知っていること、わかっていることが多いのです。

だからこそ、ストックを活用しながら読んでいることをきっちりと自覚して、繰り返し読みながらストック自体を蓄え、見直していくことが求められるのです。

しかし、ここ最近流行っている速読法をよく見ると、ストックを活用しながらも、そのことを自覚しないで済ませている「お手軽」というか「お気楽」な速読法が増えています。

◎ビジネスチックな「お手軽速読法」

チャプター1で紹介しましたが、従来の速読法は視点移動訓練や記号読み訓練など、さまざまな眼や意識の訓練を行っていました。

その単調かつストイックな訓練に挫折する人も多かったわけですが、近年、そんな訓練をしなくても速読できることをうたった「お手軽」な速読法が人気を集めています。

その一つは、経営コンサルタントの神田昌典氏がアメリカから持ち込んできた「フォトリーディング」。経済評論家の勝間和代氏が実践していることでも話題になりました。

もう一つは、企業経営者の本田直之氏が自ら実践する読書法を紹介した「レバレッジ・リーディング」。読書を投資活動ととらえ、最小の投資で最大の成果を上げるというビジネス発想を取り入れたものです。

フォトリーディングは2日間の集中講座が提供されていますが、従来の速読法の「訓練」といった要素はほとんどありません。眼の使い方や姿勢など、細かいことはうるさくいわず、ワイワイ楽しみながら進めていくセミナーです。

レバレッジ・リーディングは、眼の訓練などを行う従来の速読法とは違うことを前面に押し出し、速読技術を使わない「多読法」と位置づけています。何か特別な講座、セミナーのようなものはありません。

経営コンサルタント、企業経営者というビジネスの分野から発信された二つの速読法は、従来の速読法にあった地味な訓練がほとんどいらず、すぐに活用できるということで、日々、大量の情報の処理に追われるビジネスマンの支持を集めたのです。

◎「お手軽速読法」のワナとは？

この二つの速読法については、このあと解説していきますが、どちらもその「お手軽さ」を可能にしているのは、読み手のストックを活用しているからです。

しかし、そのことに無自覚であるという「お気楽さ」が、その速読を底の浅いものにし、そもそもの「読書」から外れてしまう危険性もはらんでいます。

具体的には次のような「速読」になってしまうことです。

- 本のすべてを「わかったつもり」になる「勘違い速読」
- 本から自分の欲しい情報だけを探して満足する「検索速読」

次のセクションでは、なぜ「お手軽」な速読法がこういった速読になってしまうのか？　どうしたら、こういった速読を超えた速読が可能になるのか？　さらに具体的に解説していきます。そこから、あなたが速読を実践し、本当に役立てていける道が見えてくるでしょう。

SECTION 10

「勘違い速読」とフォトリーディング

◎究極のダウンロード発想

今、日本でもっともよく知られている速読法は「フォトリーディング」でしょう。2001年に翻訳出版された、その解説書『あなたもいままでの10倍速く本が読める』(ポール・R・シーリィ著 フォレスト出版)は数十万部ものベストセラーになりました。

この「フォトリーディング」は、「フォト」つまり「写真」という言葉からわかるように、「脳の中に写し取る」ように読める、というのが売りの速読法です。解説書では次のように書かれています。

「『フォトリーディング』を通して、あなたは印刷されたページを脳に写し取ることによって、脳というフィルムに文書のパターンを認識させるのです」

その「脳に写し取る」読み方というのは、1秒間に1ページ程度のペースでページをめくりつつ、文字には焦点を合わせずに、見開きページ全体をボォーッとした状態で眺めるだけというものです。「意識」を介在させないことで、「視覚情報は前意識レベルで処理されて、脳の無意識にある巨大なデータベース領域に直接書き込まれ」るというのです。

まさに、私がこのチャプターの最初で触れた「ダウンロード」の発想です。

「本当にそんな読み方で、本の情報がダウンロードできるものなの？」

そう思う人も多いと思いますが、フォトリーディングでは、そんな疑問自体が成り立ちません。なぜなら、フォトリーディングでは意識を迂回《うかい》するので、仮に意識レベルでは情報を何も受け取っていないとしても、無意識レベルでは情報をちゃんと受け取っていると考えるからです。つまり、疑問を持つこと自体ができないというわけです。

「だからといって、無意識レベルにもなにも情報が入ってきていないと思い込んではいけません。そう思い込むと、本当にその否定的なことが起きてしまいます」（前掲書）

いってみれば「信じるしかない」わけです。せっかくなら信じたいところですが、これが読んだ本をすべて「わかったつもり」になるという「勘違い速読」を生み出すので注意が必要なのです。

◎高速大量回転法と似ているようでまったく違う

「勘違い速読」を生み出すプロセスの話をする前に、もう少し、フォトリーディングについて解説しておきましょう。

実は先ほど紹介した「脳に写し取る」読み方は、全体の一つのステップにすぎません。全体は5つのステップから構成されており、フォトリーディング自体は3つ目のステップになっています。

まず、最初の「準備」というステップでは、本を読む目的を明確にしたり、集中状態をつくったりします。さらに「予習」というステップで、目次などを読みます。

そして、フォトリーディングしたあとには、「復習」や「活性化」といったステップで、また目次を読み返したり、キーワードをチェックしたりします。さらには、スーパーリーディング、高速リーディングと呼ばれるさまざまな読み方で、何度も読み返していきます。

「フォトリーディングを使えば、脳に落とし込めるのに、なぜ何回も読むの？」

そう思う人も多いと思いますが、脳に落とし込まれた情報を引き出すには分類やパターン認識が必要で、そのために何回も繰り返して本を読むのだそうです。**つまり、新たに情報を蓄えるのではなく、脳の中の情報を引き出すために繰り返すというわけなのです。**

このように、フォトリーディングでは繰り返して本を読むので、高速大量回転法を知った人たちからは「高速大量回転法はフォトリーディングとよく似ていますね」といわれることがあります。確かに「脳の中に写し取る」というフォトリーディングのステップを除けば、「大量」とはいえないまでも「高速回転法」とはいえます。

しかし、同じ繰り返し読むにしても、高速大量回転法では、それによってストックを

フォトリーディングの手順

①

本を読む目的を明確にするなど準備を経て予習として目次を読む

②

「脳の中に本の情報を写し取る」ためにページの全体を眺める

③

復習・活性化といったステップで目次やキーワードを読み返す

④

スーパーリーディングや高速リーディングと呼ばれる飛ばし読みで何度も読み返す

フォトリーディングにおける繰り返し読みは脳に直接ダウンロードした情報を引き出すために行われる

徐々に蓄えていくと考えるのに対して、フォトリーディングでは、すでに落とし込まれた情報を引き出していくために行うと考えています。この違いが、読んだ本を「わかったつもり」になる「勘違い速読」を生み出します。

◎フォトリーディング講座で目にしたもの

これは8年ほど前、私がフォトリーディングの講座を受講したときに、実際に経験したことに基づいています。

その講座の最後に、仕上げとしてある1冊の本を短時間で読み、その内容を理解するという演習が行われました。そこで「この本は分厚くてたくさんの文字数はあるけれど、結局いいたいことはこれだけだ」と語る人がたくさんいたのです。**「この本についてはもうわかった」と得意満面な様子をし始め、それをよしとする講師たち、その場の雰囲気に強烈な違和感を覚えたものです。**

確かに、その人がつかんだことは、その本が伝えたかった内容の一部であることは間違いないでしょう。しかし、それは読む人が持っている知識や体験の枠内で理解できたこと、認識できたことにすぎないのです。読書ではそのことを常に自覚しておくことが必要です。

そのことを自覚せずに「わかったつもり」になるのは、速読どころか、そもそもの読書から外れてしまいます。

◎「勘違い速読」を生み出すプロセス

しかし、フォトリーディングでは、本当かどうかはさておき、その本に関するすべての情報を1回眺めるだけで「脳の中に写し取る」ことができると考えています。このため、自分はフォトリーディングした本についてわかっていると思い込みやすいのです。

実際、これまでの読書などでその本に関するストックを蓄えている場合には、そのおかげで速く読めるでしょうし、理解もできるでしょう。憲法に詳しい人なら民法などほかの法律に関する本も速く読んで理解できるものです。また、繰り返し読み返す中で、さらに速くなり、正確な理解ができるでしょう。

ただし、知識量や読書経験の乏しい人ならお手上げです。また、仮に読書経験があったとしても、なじみのない本、難しい本を読む場合であれば、せいぜい数回の回転にしかならないフォトリーディングでは、一部の表面的な理解にとどまってしまいます。

また、自分のこれまで持っていた知識の中でなんとか理解しようとして、早とちりしたりしてしまいます。こんな場合でも、本のすべての情報がダウンロードされていると思い込んでいるために「すべてわかった」と勘違いしてしまうのです。

そして、「これまでの10倍も速く本が読める！」といった宣伝文句をうたっている以上、講座では、とにかく「ある一定時間内で理解できたこと、認識できたことがすべて」と思い込ませる方向に持っていきがちです。速さを追求するあまり、そもそもの読書から外れる方向に行ってしまうのです。

こんな速読に慣れてしまうと、自分が速読できる本ばかりを読んでしまう恐れも出てきます。つまり、自分が知っている内容の本、わかりやすい本、読みやすい本ばかりを読んでしまい、難しい本、手ごたえのある本は避けてしまうわけです。

◎理解と勘違いは紙一重

ストックが理解を助けると同時に、勘違いも引き起こすことを、わかりやすいように読書ではなく会話の例で解説しましょう。

次のページの図版を見てください。これは二人が会話をしているときの心の状態をあらわしたものです。

話し手が「先日ハワイに行ってきました」という言葉をいったとき、それを理解するために、聞き手はハワイに関する自分の知識・経験といったストックに照らし合わせて理解しようとします。

そのとき、自分がハワイに行った体験があれば、そのときの記憶を呼び起こすかもしれません。もしくは、テレビで見た情景や、雑誌・本で見たハワイの写真を思い出すかもしれません。

そこで浮かんでいるものと、話し手が「先日ハワイに行ってきました」といいながら思い浮かべている情景などの記憶は、同じものでしょうか?

もちろん、まったく同じである可能性はほとんどありません。ハワイといってもオアフ島からハワイ島などいくつかの島がありますし、場所もいろいろです。思い浮かべるシチュエーションだって違うでしょう。

それでも、ストックを使って理解することで会話は成立するのです。

同じ言葉でも人によってイメージは違う

**海で楽しくサーフィンしてきた人と
ビル街で仕事をしてきた人
同じ「ハワイ」という言葉でも
思い浮かぶイメージが違う**

ただ、それは誤解や勘違いをしているかもしれないことを自覚する必要があります。そうしないで「わかったつもり」になっていると、話し手が体験したことを引き出せず、思わぬズレが生じる危険性があります。

話の聞き上手な人は、この点がしっかりしています。自分の持つストックと相手の話には隔たりがあると、よく知っているのです。そこを照らし合わせながら、うまく相手とのズレを補正し、そのためにも相手からさらに情報を引き出すのです。

速読においても同じです。ストックを活用して理解しつつも「わかったつもり」にならないことです。

「わかったつもり」になって関心を閉じてしまうと、本への好奇心が減ってしまい、新たなストックを蓄えられません。書かれている言葉の背景にも常に好奇心を向け続けることが必要なのです。

◎フォトリーディングもストックの活用

1回眺めるだけで、その情報がすべて脳に直接ダウンロードされる――。

確かにこれは魅力的で、信じたくなるのもわかります。

「『フォトリーディング』は、生まれながら脳に備わる、前意識レベルの情報処理能力を活用するものです。既成概念にとらわれず、脳の無限の能力を信じることができるならば、『フォトリーディング』はあなたの学習能力に革命をもたらすに違いありません」（前掲書）

私も「それができるなら……」と思い、本も買い、講座も受講したわけです。しかし、受講後もかなり実践しましたが、ついに脳に直接落とし込まれているという効果は実感できませんでした。

フォトリーディングを実践しているという人も、実際は、すでにあったストックや、繰り返し読む中で蓄えたストックを活用し、だんだん理解しているのが現実だと思います。

速読法では右脳やイメージ脳、潜在意識といった脳科学用語がその説明に使われていますが、ついつい信じたくなりますが、そんな説明には注意しましょう。

○理解・記憶に必要なのは繰り返しと失敗

東京大学で脳の研究を行っている池谷裕二博士によれば、脳科学の知見からいえるのは、「記憶とは『失敗』と『繰りかえし』によって形成され強化されるものなのです」(『記憶力を強くする』講談社ブルーバックス)とのことです。

1回読むだけですぐに理解・記憶できるわけではないのです。

また、コンピューターが日常生活に浸透した昨今、コンピューターと脳の働きを同じように見てしまいますが、池谷博士は脳とコンピューターはかなり異なるといいます。

「コンピューターは一回で完全に記憶できます。しかも正解だけを完璧に覚えるのです。脳ではそうはいきません。正解を導くためには試行錯誤が絶対に必要です。失敗をして、それを基礎としてつぎに何をするかを考え、そしてまた失敗をして……という具合です」(前掲書)

脳科学の知見による脳の仕組みから考えても、1回読んで理解しようというよりも、何回も繰り返して読んでいく高速大量回転法が理にかなっているのです。

さらに、高速大量回転法では、目次や見出しといった大枠からとらえて、だんだんと細かいところに入っていきますが、これも脳の仕組みに合致しています。

「ちがいの大きなものを区別できるようになってからでないと、小さいものを区別できるようにならないのです。こまかい事象の差を知るためには、まず一度、大きく事象をとらえて理解することが必要なのです」（前掲書）

実際、あなたのこれまでの学習経験からも、繰り返しや試行錯誤によって、理解・記憶してきたと思います。

また、**理解や記憶する際に、いきなり細かいところから入るよりも、大雑把に大枠から入っていったほうがやりやすかったはずです。**

大雑把に、しかし、それを繰り返すことでだんだんと細かいところに入っていくのが脳にやさしい読書なのです。

◎「本当に役立つ速読」へのシフトチェンジ

フォトリーディングを学んだ人は、「フォトリーディングというステップはわからないし、できない」といいながらも「フォトリーディングは従来の読書の枠を外してくれた」と、そのインパクトの大きさを語る人が多いです。

「本は一字一句読まなければならない」
「本は最初から最後まで読まなければならない」

このような従来の読み方の呪縛から解き放たれているので、**フォトリーディングを学んだ人は、本当に役立つ速読にシフトする素地は十分できています。**

また、フォトリーディング以外のステップで使われるディッピング、スキミング、スキタリング、スーパーリーディング、高速リーディングといった、さまざまな種類の読み方は、高速大量回転にも活用可能です。

フォトリーディングという読み方も、脳に直接写し取ることはないにせよ、本と近づく一つの読み方としては「あり」だと思います。

ダウンロードを期待せずに、ストックに焦点を当てて高速大量回転していけば、「フォトリーディングできない……」と迷うことなく、速読できるようになるでしょう。

SECTION 11

「検索速読」とレバレッジ・リーディング

◎読む目的を明確にする読書の危険性

フォトリーディングの翻訳出版から5年後の2006年に出版された『レバレッジ・リーディング』（本田直之著 東洋経済新報社）。

この本で紹介されている速読法は、読書を投資活動ととらえ、読書にビジネスにおける「投資・コスト対リターン（収益）」の考えを持ち込んだものです。最小の投資・コストで、最大のリターンを得ようというわけです。

そこで重要となるのが、本を読むにあたって、その本を読む目的、得たい成果をあらかじめ明確に絞っておくことです。そして、明確にした目的を達成するために、最短の道を進む……。

具体的には、その目的に応えてくれるような箇所をできるだけ速く選び出し、それ以外は切り捨てるという読み方です。

多くの人にとっては、この発想は驚きというか、眼からうろこだったと思います。これまでは、本のほうが自分より上の存在で、読者である自分が「本を読む目的」を決めるなんていう発想には、なかなか思い至らなかったのではないでしょうか。

先ほど紹介したフォトリーディングでも、最初に「本を読む目的を明確にする」ということを行いますが、フォトリーディング講座を受講した人の中には、これがもっともインパクトがあり、役立ったという人がいるぐらいです。

「本を読む目的を自分が決めていいといわれて、とても自由になった」

これまで、本の側にあった読書の主導権を、読み手に取り戻したといえるでしょう。

そして、読書を投資活動としてとらえ、その「投資・コスト対リターン」を最大にするという発想は合理的です。そのために、本を読む目的を明確にして、その目的達成のために必要なものだけを得て、ほかは切り捨てるというのはもっともに思えます。

しかし、実は「本を読む目的をあらかじめ決める」ことは一見、合理的な読書のように思えて、それが行きすぎると、逆に読書のリターンを下げてしまうのです。

◎なぜ目的化してはいけないのか

たとえば、あなたがこの本を読む目的は何でしょう？


「本当に役立つ速読とは何かを知ること」

「速く読むテクニックを知ること」


多少の違いはあるでしょうが、こういった目的が出てくると思います。

さて、この目的を最短で達成しようとした場合、どんな読み方になるでしょうか？

おそらく、自分の目的に関連しそうな言葉、キーワードを、目次や見出しを頼りにしたり、本文を斜め読みしたりしながら探し始めるでしょう。そして、その言葉が含まれている文章やその前後の文章を読むと思います。

これは、あなたがパソコンや携帯電話に向かってよく行うある行動に似ていませんか？

そう、検索です。

あなたが本を読む目的を明確にして、その目的を最短で達成しようとすると、本というデータベースに対して、ある検索ワードをもとに検索しているような読み方になってしまうのです。

従来の読み方が全文をダウンロードしようとしていたとすれば、この読み方は検索して必要な箇所だけをダウンロードすればいいという発想です。それによって、速く読める、たくさん読めるという読み方なのです。


「検索でいいんじゃないですか？」

「知りたいのは具体的なハウツーやスキルですから……」


そう思われる人もいるでしょう。

もちろん、検索が悪いわけではありません。英和辞典や百科事典で調べたりするのは、まさに検索です。単に何か知りたい情報を得るためであれば、検索でもいいでしょう。

しかし、読書とは検索にとどまるものではありません。ハウツーやスキルといっても、そのハウツーやスキルだけを知っても使えないことがほとんどなのです。

◎ビジネス書を何冊読んでも身につかなかったワケ

たとえば、本書を読む人が「速く読むテクニックを知ること」という目的を速く達成しようと読んだ場合、「何度も繰り返して読む」ことや、速読技術として紹介している「音にしないで見る」「わかろうとしないで見る」といった言葉が引っかかってくるでしょう。

しかし、これだけを知ったらすぐに速読できるようになるかというと、そうはいきません。

ハウツーだけでなく「速読」や「読書」をどう考えるかという視点や、私がどのようにして高速大量回転法にたどりついたかのプロセスを知ることで、はじめて高速大量回転法の持つ意味や考え方が理解できて、ハウツーを実行できるのです。

これは速読に限らず、セールスやマーケティング、マネジメントをはじめとするビジネスや、その他すべてのハウツー、スキルに共通することです。

本で紹介されている表面的なハウツー、スキルだけを都合よく自分のものにしようとしても、なかなかうまくはいきません。

また、読者自身の視点や問題意識が変わらなければ、その本が提示している大切な情報の重要性がわからずに、とりこぼしてしまうこともあります。

これは、真っ白な状態で読んでいるように思っていても、われわれはすでに蓄えているストックを使って読んでいるからです。

読書では自分の中にあるストックを活用しながらも、新たな知識や考え方、モノの見方を得て、ストックを変化させることが重要です。自分が「本を読む目的」を明確にすることは、自分の枠をかえって固めてしまいます。

検索速読でいくら速く読んで、たくさんの本を「読破」したとしても、それは自分の狭い枠組み（モノの見方や思考パターン、価値観）を広げるどころか、自分の枠組みに凝りかたまってしまう危険性もあります。フォトリーディングのところで紹介した「勘違い速読」にもなりやすくなります。

検索速読で効率的な読書を行っているようでも、検索が目的であれば、本を読むよりも、ネットで検索したほうがもっと速く、効率的にできる可能性が高いのです。

◎検索を超える速読をめざせ

このように、検索が便利になった時代だからこそ、検索とは違う読書が求められています。

この点について、今から30年近く前、高度情報化時代と呼ばれ、情報があふれ始めたころ、経済学者の内田義彦氏が、情報を求めて必要なところだけを読む「情報として読む」という読書に対して警鐘を鳴らし、次のような読み方を提唱していました。

「新しい情報を得るという意味では役立たないかもしれないが、情報を見る眼の構造を変え、情報の受けとり方、何がそもそも有益な情報か、有益なるものの考え方、求め方を——生き方をも含めて——変える。変えるといって悪ければ新しくする。新奇な情報は得られなくても、古くから知っていたはずのことがにわかに新鮮な風景として身を囲み、せまってくる、というような『読み』があるわけです」(『読書と社会科学』岩波新書)

情報化時代がさらに進み、膨大な情報に誰もがアクセスできるインターネット時代においては、単に情報や知識を持っているだけでは評価されません。

「情報を見る眼の構造」といった視点を変え、多様な視点を持ってそれを使いこなし、付加価値を生み出していくことのほうが重要なのです。

個々の情報と情報を見る眼の構造、視点を理解するために、次ページの絵を見てください。

おそらくこの絵を見たことがある人もいるでしょう。これは、「だまし絵」と呼ばれるもので、いくつかの違うものに見える絵です。

この絵の場合は「老婆」と「若い女性」の二つに見えますが、この絵を構成している線や形が、本の個々の情報や知識に当たります。そして線や形から、その情報を統合し全体として「老婆」や「若い女性」と見るのが情報を見る眼の構造、視点に当たります。

あなたがある本を読むとき、最初は自分のストックに引きずられ、自分のこれまで持っている視点で本を読みます。つまり「この本には老婆が描かれている」という視点で読むわけです。もしくは、最初は何の絵かわからないけれども、だんだんと「老婆が描かれている」ということに気づいて読むこともあるでしょう。

『若い女性と老婆』のだまし絵

見方によっては若い女性の顎《あご》が老婆の鼻になり
若い女性のネックレスが老婆の口になる

どちらにせよ、「老婆」という視点に立って、個々の情報が意味づけられてしまうのです。この「老婆」という視点をずっと持っている限り、「若い女性」として見る視点には気づかず、個々の情報の意味づけや重要性も変化しません。

読書とは、自分の持っている「老婆」という視点をあえて手放し、著者の視点である新たな「若い女性」という視点を手に入れ、「老婆」「若い女性」どちらの視点でも見ることができるようになることです。

◎著者の世界に素早く入るためには

脳機能学者の苫米地英人氏は、この「だまし絵」を例に、読書について次のように説明し、1冊の本を本当に理解するためには「何度も読むことが必要」といっています。

「1回目はプリプロセッシング（事前処理）として『老婆』の姿を見つける。
2回目は『若い女性』の姿を見つける。
3回目は『老婆』と『若い女性』の図柄をともに意識しつつ読む。

これが本当の読書なのです」(『ほんとうに頭がよくなる「速読脳」のつくり方』PHP文庫)

「わかった」と思っていても、実は「老婆」を見ているだけかもしれないのです。

その点、高速大量回転法では、まず本文に入る前に、目次、まえがき・あとがきを高速大量回転します。これは効率的にその本に関するストックを蓄える方法であるとともに、著者の視点を理解し、著者の世界に素早く入る方法です。

目次には、著者がテーマに対してどのような切り口で見ているかが端的に書かれています。また、まえがき・あとがきには著者の本音、肉声がもっともリアルに書かれています。

この目次、まえがき・あとがきを先に高速大量回転することで、素早く著者の世界に入るのです。先ほどの例でいえば、できるだけ速く「若い女性」の視点を獲得してしまうのです。

たとえ、目次やまえがき・あとがきを最初に読んでいても、自分の目的を明確にするためや、自分の目的に役立つ箇所を探すために読んでいては、著者の世界に入るどころか、「老婆」を見ている自分の世界に凝り固まってしまいます。

このように、自分の中に蓄えられているストックは、本の内容を理解する力となると同時に、誤解を引き起こします。「だまし絵」でいえば「老婆」の左目だという知識があるがために、それで「わかったつもり」になって、「若い女性」の左耳でもあることに気づかないのです。

◎「さらわれる」「巻き込まれる」のが読書の醍醐味

自分が持っている視点を手放し、新たな視点を手に入れると、最初に本を読む目的そのものが変わってしまうこともあります。

実は最初に設定した目的を達成することよりも、その目的自体が変化するような思ってもみなかったことが起こることにこそ、読書の面白さがあります。

辞書や事典を調べるように、自分の知りたいことをとにかく知るためではなく、その本を読んで何が起こるか、何が得られるのかわからないからこそ、本を読むという世界もあるわけです。そして、それこそが結果的に自分を変革させ、大きなリターンにつながる可能性があるのです。

松岡正剛氏は、これを「本に攫《さら》われたい」という言葉で表現しています。

「これは、いわば『本に攫われたい』ということなんです。『異人さんに連れ去られたい』ということなんですよ。そういうことがないと、読書は平坦なものになりすぎる。このことはいくら強調しても強調しすぎることはありません。私たちは本に攫われていいんですよ。それでしばらく行方不明になってもいいんです。捜索依頼が出たら、本望です（笑）」（『多読術』ちくまプリマー新書）

また、神戸女学院大学名誉教授の内田樹氏はその著書『街場の教育論』（ミシマ社）で「読書」そのものではありませんが、「学び」を「巻き込まれる」という言葉で表現しています。

「『学び』というのは自分には理解できない『高み』にいる人に呼び寄せられて、その人がしている『ゲーム』に巻き込まれるというかたちで進行します。この『巻き込まれ』（involvement）が成就するためには、自分の手持ちの価値判断の『ものさし』ではその価値を考量できないものがあるということを認めなければいけません。自分の『ものさし』を後生大事に抱え込んでいる限り、自分の限界を超えることはできない」

内田氏のいう「ものさし」とは、本を読む前に持っている本を読む「目的」ともいえるでしょう。**ある意味、「目的」を手放すために読書は行われるともいえるのです。**

こう考えれば、検索速読で最初に設定した目的にこだわることのもったいなさがさらにわかってもらえるでしょう。

◎読書から検索へ、検索から読書へ

今やグーグルなどでネット検索を行うことが「ググる」と呼ばれるように、生活の一部になってきました。携帯電話、スマートフォンによって、さらに生活に浸透してきたように思います。

私なども、ついつい何か「あれ？」と思うと、手元のiPhoneで検索するのが習慣になってしまいました。検索はますます、われわれの基本動作となってくるでしょう。そして、読書にも検索発想が浸透し始め、「検索速読」ともいえる速読が出てきました。

最近、世間をにぎわしているように、グーグルはさらに書籍の電子化をすることで、本文も検索対象にし始めています。まだ一部ですが、「Google ブックス」という形ですでに実現しています。

インターネット、スマートフォンの普及に、電子書籍が加われば、本は「読む」ものから、「検索」するものへと変わっていくのかもしれません。

しかし、検索速読について見てきたように、検索だけでは、表面的な知識の獲得にとどまり、新たなストックも蓄えられていきません。検索速読すればするほど、速読力も読書力も落ちてしまう危険性があるのです。

著者の世界に入る、情報を読むだけでなく「情報を見る眼の構造」を変えるといったことを意識して、速読していく必要があります。

このように読書を検索にとどまらせないと同時に、検索から読書につなげていくことも大事です。

たとえば、何か調べたいときに、単にインターネットで情報を検索するだけでなく、それに関する本を検索するのです。情報を常に本というものに結びつけようとするのです。

検索して出てきた本を必ずしも買う必要はありません。

今やAmazonなどのオンライン書店では、目次やまえがき・あとがきなど本の情報の一部が公開されています。また、数多くの書評ブログでは、その本に関するさまざまな視点からの要約を読むこともできます。そういう要約された情報を、まずは高速大量回転させていくのです。

その中でストックは蓄えられ、本文を読みたくなる本も増えていき、速読力が向上していきます。

ネット時代の現代。検索が便利・身近になり、読書が検索に侵されようとしている今こそ、読書や速読の本質を押さえつつ、検索から本、読書への流れをつなげていくことが本当に役立つ速読力をつけることにつながります。

CHAPTER 5

速読が本との出会いを広げる

SECTION 12

「時間をかける速読」もある

○難しい本や気の進まない本は「積読」から

高速大量回転法は、速読の大きな要素であるストックに焦点を当て、それを効率的に蓄えることで速読する方法です。これによって、簡単な本、わかりやすい本だけでなく、難しい本、未知の分野の本でも速読できます。また、これまでなかなか手が出せなかった分厚い本でも楽に読み始められます。

とはいえ、目次だけ、まえがき・あとがきだけといっても、それ自体がかなりの量になる専門書もあります。言葉が難解で、眺めようとする気すら起きない本もあるでしょう。

こういった場合「まずは入門書から」というように、だんだんとストックを蓄える道もありますが、そればかりに頼るのも危険です。なぜなら、入門書から入る癖をつけてしまうと、わかりやすい本ばかりを読むようになり、いくらストックが蓄えられるといっても、なかなかそこから上のレベルの本を読むようにならないからです。

もし、最終的にあなたが読みたい本があるならば、すぐに目次や本文の回転ができなくても、それにチャレンジすることは人事です。そこでお勧めしたいのが「積読《つんどく》」です。

つまり、**まずはタイトルやサブタイトルだけに範囲を絞って、毎日眺めるのです。**タイトル、サブタイトルだけであれば、1日に1回とはいわず何回かは必ず見るでしょう。背表紙だけでも目に入るようにしておけば、勝手に視界に入ってくるはずです。

短い言葉や文章ですから、「音にしないで見る」「わかろうとしないで見る」といった読み方が自然にできて、あっという間に何回も繰り返し、すぐに覚えられるでしょう。

あとは、日中のちょっとした隙間時間に、ほんの数秒でいいですから、そのタイトルやサブタイトルを思い出してみます。そうやって思い出すことで、さらに記憶は定着し、その本に対するなじみができてきます。そして、その本の内容にも興味がどんどん高まって、早くページを開いて読みたい衝動が出てくるのです。

積読というと、普通であれば避けるべきものとしてとらえられがちです。速読に興味を持ったきっかけも、積読状態をなんとか解消させることだったかもしれません。

しかし、積読もタイトルやサブタイトルに絞った高速大量回転ととらえれば、それは速読への一歩になっていくのです。

むしろ、ある意味では自然なステップと考えられます。**読みにくい本には、だんだんと近づいていくことも必要なのです。**

◎タイトルから高速大量回転を始める

あなたは、初めて会う人、とっつきにくそうな難しい人、自分にとって未知の人に、いきなりズカズカと深い話をするでしょうか？

親しくつき合うには、挨拶から始めて、徐々に言葉を交わすようになり、やがてじっくりと話をする——といったプロセスを経て、相手のことに興味を持ち、だんだんと理解していくのが普通です。未知の分野の本や難しい本に対して、いきなり読み始めるのに抵抗を感じるのは当然なのです。

そこで積読です。**積読でその本を毎日眺め、何回、何十回と思い浮かべるうちに、だんだんと親しみがわいてくるものです。最初は遠かった本との距離が狭まってきます。**

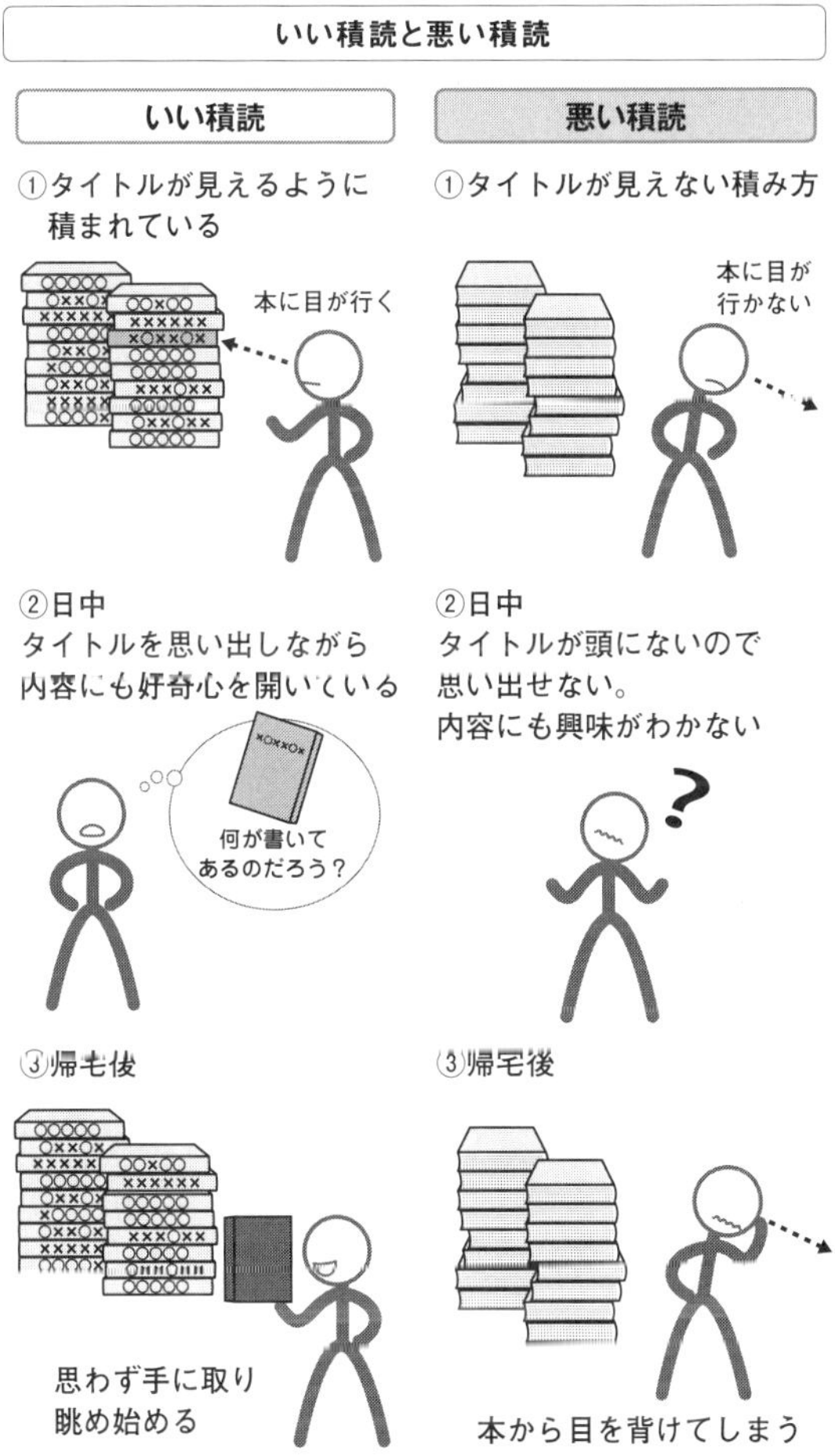

いい積読と悪い積読
いい積読
悪い積読
①タイトルが見えるように積まれている
本に目が行く
①タイトルが見えない積み方
本に目が行かない
②日中
タイトルを思い出しながら内容にも好奇心を開いている
何が書いてあるのだろう？
②日中
タイトルが頭にないので思い出せない。
内容にも興味がわかない
③帰宅後
思わず手に取り眺め始める
③帰宅後
本から目を背けてしまう

やがて「どんな本なのだろう？」という思いが募り、タイトルや本のオビを見て「これは何なのだろう？」「何が書いてあるんだろう？」と考えるようになります。

こうしたプロセスを楽しみ、だんだんと深く入っていけばいいのです。

○隙間時間を活用する

「積読なんて、時間の無駄だ」

「速読とは真逆の非効率な方法だ」


そんなふうに思われるかもしれませんが、積読というのは、実は非常に時間を効率的に使って速読する方法です。

積読の場合、実際に読む時間はほとんどありません。タイトルだけを眺めるのに必要な時間はどれぐらいでしょう？

せいぜい数秒ですね。たったそれだけなわけです。

しかし、実際にはちゃんと積読すれば、その数秒だけ使うことで、その本のカバーやタイトルがだんだんと記憶に残ります。そして、1日に何回、場合によっては何十回とその本を思い出し、その内容について考えるようになります。

積読は、そんな隙間時間ともいえないような時間を効果的に使う方法なのです。そうしている間に、だんだんと興味や関心がわいてきて、本との距離が近づいてきます。

こうなると、タイトルだけでなく、目次、さらにはまえがき・あとがき、そして本文というように読み始めていくでしょう。いわば積読は、高速大量回転法の入り口です。

チャプター3では30分で速読するステップをご紹介しました。そのステップを毎日少しずつ分割して行う方法だと考えてもらっていいでしょう。時間がかかっているようにみえて、実際には隙間時間を活用するので、忙しい人でもできる方法なのです。

◎自分を成長させる速読をしているか

積読は、本や読書そのものが苦手な方でも、気楽に取り組めるのでお勧めです。ここからストックを蓄え、本や読書へのなじみをつくりながら、だんだんと30分の高速大量回転に進んでいけば、無理なく、本を速く、たくさん読めるようになります。

実は拙著『速読勉強術』で、「タイトル法」と名づけてこの積読を紹介したところ、「なかなか読めなかった本が、気づいたら読み終わっていた」「本の山がどんどん減り始めた」と多くの読者から反響をいただきました。

意外に思われた方もいると思いますが、試しにやってみてください。

もちろん、無理に積読する必要はなく、楽に高速大量回転できる本は、チャプター3で紹介したステップですぐに読んでください。

ただし、「私に積読はありません」「積読しなくても私はどんどん本を読めます」といっている人は、自分の読める本や自分の枠の中にある本しか読んでいない可能性があります。積読になってしまう本があるのは、あなたがチャレンジして読書をしようとしている証拠ともいえるからです。

たとえば、書店で見かけた哲学関係の本を買ってはみたものの、思いのほか内容が難しく、そのまま本棚行きになっているケースがあったとします。しかし、これは恥ずかしいことでも、無駄なことでもありません。

難しい本やなじみのない本でも「ちょっと読んでみようか」という感覚で手に取り、自分の枠を超える読書をしていくことは素晴らしいことです。

「いつか読もう」と背伸びする気持ちや「難しいけれど読んでみよう」という好奇心は、自分の成長につながります。

読書とは、もともとそういうものだったのではないでしょうか？

現実の人間関係にたとえれば、よく知っている人としかつき合わず、なじみの場所（店）にしか行かない人と同じです。

また、そういった読書はただ必要な情報を調べるだけの「検索」になっている可能性があります。

これでは、自分自身の成長が期待できません。

「積読することが一切ない人は成長のない人」ともいえるのです。

◎電子書籍は速読に向いてない

このように、積読は見方を変えれば速読の一歩であり、自己を成長させてくれるものです。しかし、この積読が非常にやりにくい本があります。それは、ここ最近注目を集めている電子書籍です。

電子書籍は物理的に積み上げることができません。紙の本であれば、積んでさえあれば、さっと目をやるだけですぐタイトルを読めますが、電子書籍では、そういうわけにはいきません。

また、紙の本なら「ちょっと目次だけでも」と読もうと思ったとき、手元にあればさっとすぐにページをめくって読み始めることができます。

ですが電子書籍では、仮にスマートフォンが手元にあったとしても難しいでしょう。よほど操作に手慣れている方なら別かもしれませんが、そんな方でも、たとえば手元にある文庫本を開くよりスムーズに操作し、素早く起動させることはできないと思います。

ほんのちょっとしたことですが、こういったちょっとの違いから回転が減って、ストックを蓄えるスピードが落ちてしまいます。

こういった差は積み重ねれば大きくなります。

私などは、家のありとあらゆるところに本が置いてあります。思い立ったときすぐに読めるように、もしくは思い立たなくても自然と本が目につくようになっているわけです。

みなさんにも覚えがあるでしょうが、読書というのは、その本のタイトルや装丁が、読み手に読む気を起こさせる場合も少なくないのです。

いわば、本が呼びかけているわけです。すぐに目につかなくなれば、この呼びかけが起こりにくくなります。タイトルやカバーを見ただけで興味が引かれたり、関連する記憶が呼び起こされたりして、そこから本を手に取って読み始めることはよくあります。

本屋での経験を思い出してもらえれば、おわかりいただけるでしょう。本屋にぶらりと寄って眺めているうちに、タイトルや装丁が気になって、思わず手に取り、つい買ってしまった――。

多くの人が、そんな経験をお持ちだと思います。本に声をかけられて始まる読書もあるのです。

◎記憶に残りにくい電子書籍の欠点

また、積読では、実際に本を眺めたり、手に取って読んだりする時間だけでなく、そんな時間の中で覚えたタイトルや目次などの内容を思い出す時間が重要です。

ほんのちょっとした隙間時間を使って、積読している本を思い出し、それについて反芻《はんすう》していく中で、本の内容が記憶されたり、それについての好奇心が広がったりします。

積読する場合、ただ本を積んで見るだけでは意味がありません。この「思い出す」という部分が大事なのです。

しかし、電子書籍の場合、思い出そうとしてもなかなか思い出せません。まさに「手がかり」がないからです。

紙の本であれば、思い出そうとするときに、視覚以外の「手がかり」があります。その本を取ったときの手の感触、たとえば、その本の厚みや重さ、手触りなどが入り口となって、記憶を呼び覚ますことができるのです。

心当たりのある方も多いかもしれませんが、人は視覚だけではなく、触覚が「記憶のトリガー」になることも少なくありません。

電子書籍の場合、端末を触っている感覚は体験しているのですが、それはどの電子書籍でも同じになります。紙の本に比べて、1冊1冊が一つの独立した存在として立っていないのです。まるで、何かデータの中に埋まっているような感じなのです。「のっぺらぼう」とでもいえるでしょうか。

このため電子書籍は記憶に残りにくく、思い出そうとしても思い出しにくくなります。その結果、実質的な読書時間は減り、高速大量回転が進みにくいのです。

記憶しやすいのは紙の本

紙の本

・カバーやオビがある
・手にした感触がそれぞれ違う
・すぐ手に取れる

↓

記憶に残りやすい！

電子書籍

・カバーやオビがない
・手にした感触はどれも同じ
・すぐ手に取れない

↓

記憶に残りにくい

今後、電子書籍でも改善の工夫が行われてくるとは思います。ですが、こういった電子書籍の欠点を自覚しておかないと、知らず知らずのうちに本を思い出して回転する時間が減り、速読力が落ちていくでしょう。注意が必要です。

◎「速く読み終えるだけの技術」で終わらせない

最後に「積読」という「速読」とは縁遠いような話を持ち出しました。ですが、速読におけるストックということを考えれば、積読も速読とつながっていることがわかってもらえたでしょう。

たとえ、実際に本を読んでいた時間が10分でも30分でも、その読書経験にはストックを通じて、これまでの過去の長い時間がかかわっています。

そして、その本を読んだことで蓄えられ、変化したストックが、これからの未来に影響を及ぼしていきます。

このため「1冊10分」とか「一晩で5冊」というように、目の前の本をとにかく速く処理する一過性の「情報処理」といった発想で片づけられるものではありません。

先ほど、積読を人との出会いのプロセスにたとえました。読書とは「情報処理」ではなく、まさに「本との出会い」です。

そこには、出会う前からさまざまな期待があり、出会ったあと、別れたあとでも、いろいろな思い出とともに、さらなる興味や関心をはじめ、疑問や心残りが生まれ、続いていきます。

本を一度読み終わったあとに、その後の生活の中で「あの本で書いてあったのはこういうことだったのか」と気づいたり、「もしかして、あの本に何かヒントが書かれているかもしれない」と読み直してみたり、本とのつき合いは長く続いていくものです。

「情報処理」といった発想であれば、速読は「速く読み終える」ということだけが目的になるでしょう。

しかし、「本との出会い」といった発想に立てば「速く読み終える」というだけでなく、これまで読めなかった本、読もうとも思わなかった本を「速く読み始められる」「たくさん読める」ということにも使えるようになります。

そうしてさまざまな本とたくさん出会う中で、あなたのストックは豊かになり、速読力もどんどんと高まっていくのです。

○速読に必要なこと

高速大量回転法を入り口に、速読の世界を体験してみていかがだったでしょうか？

あなたの中にある知識・情報・経験などのストックと本とを積極的に反応・共鳴させるという読み方は、本書を読む前にあなたが思っていた速読のイメージとはかけ離れたものだったかもしれません。

しかし、今この瞬間、まさにこの本を読みながら、あなたは反応・共鳴している自分を感じているでしょう。そして「音にしないで見る」「わかろうとしないで見る」という速読技術を使いながら、もう速読しているあなたがいるはずです。

ぜひ、このままどんどん速読を活用していってください。

最後に、速読に必要な大事なことをお伝えしましょう。頭の回転の速さでも、素早く文字を見ていく力でもありません。

それは「センス・オブ・ワンダー」。「美しいもの・未知なもの・神秘なものに目を見張る感性」です。頭の柔らかさ、心が開いていることといってもいいでしょう（参考

『センス・オブ・ワンダー』レイチェル・カーソン著　新潮社）。

この感性が鈍ければ、本との反応や共鳴も鈍くなってしまいます。そして、この感性を育むためにも、速読でさまざまな本の世界に触れることです。

「こんな世界があったのか！」

「こんな考え方もあるのか！」

そんな驚きや感動の体験が「センス・オブ・ワンダー」を磨き、読むスピードを速め、さらには読書体験を深いものにしてくれます。

さて、あなたは次にどの本を速読しますか？

おわりに

今から25年前、「これで大学の勉強が楽になるぞ！」と思って始めた速読。

当初期待していたものとはかなり違いましたが、そこには、面白く、深い世界が広がっていました。ぜひ、一人でも多くの人が速読を知り、生かしてもらいたいと願っています。

しかし残念ながら、速読はまだまだ怪しげなものにとどまっているのが現実です。「はじめに」で書いたように、多くの速読教室、速読本が眼の訓練や脳力開発などに偏重し、ストックを無視しているからです。

何年か前には「速読訓練すれば150キロの速球が打てる」という〝スポーツ速読〟なる速読がテレビで盛んに取り上げられていました。眼の訓練といった表面的な技術だけに焦点を当てるあまり、そもそもの「読書」までもが忘れられ、とうとう行き着くところまで行ったことを感じました。

読むのには眼を使うわけですから、眼の訓練に意味がないとはいいません。私自身、ある速読教室で、思い切り眼を見開いて、まばたきせずに涙をボロボロ流しながら黒点を見続けるという訓練の結果、楽に本を眺められるようになりました。ただ、そういう訓練にお金と時間をつぎ込む前に、もっと効果の出ること、やれることがあるのです。

本書では、速読を学び、実践してきた立場から、仕事や日常生活で本当に速読を役立ててきた私のやり方、体験をまとめました。あなたが今すぐ実践できる方法です。ぜひ役立ててください。

実践して感じたこと、浮かんできた疑問などは、私の高速大量回転法に関するブログ(http://ameblo.jp/kosoku-tairyokaiten-ho/)までコメントやメッセージでお寄せください。

最後に、本書の内容にアドバイスをくださった寺田昌嗣さんと松岡克政さん、そして、今回の本を企画し、粘り強いサポートをしてくださった丑久保和哉さんに感謝申し上げます。ありがとうございました。

宇都出雅巳

本作品は二〇一一年一〇月、小社より刊行されました。

「私はこの本で東大大学院に合格しました!」

ヒュース由美（絹川友梨）さん（東京都 50代 俳優/インプロバイザー）

東大大学院への受験を決めたのは受験日の5カ月前。受験を決めて、過去問を見てガクゼン! 哲学、情報学、数学、社会学、図書館学、歴史など、幅広いジャンルから、毎年まったく別の内容が出題されています。しかも筆記。正直パニックになりました。

そんなとき、この本に出会いました。まず全体感をつかむこと、読み終わってオッケーではなく、自分自身との質疑応答を繰り返して、自分の言葉で説明してみること。単純に何度も何度も繰り返しました。膨大に読まなくてはならない本があってもパニックにならず、「とにかく表紙が見えるように積んでおく」ことも心がけました。

受験当日。予想していた問題は一つも出ませんでした。しかし学問領域の「全体感」を理解していたので、問いの位置づけがわかりました。また問いに対する「答え方」を何度も繰り返していたので、そのスキルを駆使しました。わからない言葉があってもパニックにならず、全体から憶測することもできました。

この本は「吹けば飛ぶような小手先スキル」ではなく、実践で活かせる「本質の力」を身につけさせてくれます。本当です。

「月間500冊に一気にスピードアップした」

清水有高さん（東京都 30代 会社代表取締役）

とにかくこの本は素晴らしい！　この本に出会う前から月100冊ほど読んでいたけど、この本のおかげで月間500冊に一気にスピードアップした。その後もさらに速くなり、現在は月間1500～3000冊の読書ができるようになった。現在はその成果を、Facebook【一月万冊 清水有高】で公開している。

本を読めば読むほど年収と知識が増えていき、まさに豊かな人生を歩んでいる。我流でたくさん読んでいた私が、さらに読めるようにステップアップした良書。

あまりにいい本なので、知り合いにも配った。その結果、彼らも月間100～300冊以上読めるようになり、私以外の人にも効果が出ている。速読本は数十冊以上読んだけど、間違いなくベスト3に入る！

「新しい読書の世界が見えてきました」

蔦﨑雄大さん（東京都 20代 フリーター）

「速読＝技術」と考えていた私にとって、読み手の「ストック」が大切だという考えに初めて触れたとき、スッキリした気持ちになりました。技術を考えるあまり、本を読むという一番大切なことから離れてしまっていたからです。技術の前にまず、たくさん本を読む。非常にシンプルで心に染みました。

また本書には「高速大量回転法」という、具体的な読書法についても触れられています。読書習慣のなかった私が実践することによって、新しい読書の世界が見えてきました。それは本を読むという行為の敷居を非常に低くしてくれたことです。

何度も読むという考えが「心のゆとり」を生み、速く読むという考えが「時間のゆとり」を生む。しかもこの二つは、お互いを高め合い、さらなる読書心を生む。これは実践してみて、初めて味わえることだと思います。ストックが技術をつれてくる。これは速読における核心をついていると思いました。

目の前のことに集中するあまり、周りがまったく見えていない方、速読技術や勉強法ばかりに気をとられ、前に踏み出せない方、そんな方に本書は最高の1冊です。

「〝普通の人〟の視点から速読習得のメカニズムが語られている」

松浦康介さん（埼玉県　30代　団体役員）

かなり以前から「私も速読ができるようになりたい」という、漠然とした思いを持っていましたが、世に多く出回っている速読の教材は、どこかウサン臭く、宗教的（？）で、できる気がしないと感じるものばかりでした。

しかし、この本に出会い、初めて速読のメカニズムを理解できました。そして実際に少しずつ活用できるようになり、現在も試験勉強や趣味の読書に活用しています。

私がこの本をお勧めする理由は、ひとえに〝普通の人〟の視点から速読習得のメカニズムが語られている点です。速読は魔法ではないこと、地味な積み重ね（ストックを蓄えること）と、小さな発想の転換の集合体が速読習得の原則であると知れたことが、この本の一番の（そして最も大切な）価値ではないかと思います。

私は今、「音にしない読み方」から、「わかろうとしないこと」「繰り返し読むこと」「ストックに響かせながら読む」方法と、段階的に理解し、実践していっており、その都度、読むスピードが速くなっているのを実感しています。そして多分、今後もっと速くなっていくだろうと思っています。

読者の声はブログ「だれでもできる！　速読勉強術」でもご覧いただけます。あなたご自身の実践体験やご感想も、ぜひお寄せください！

宇都出雅巳（うつで・まさみ）

1967年、京都府生まれ。東京大学経済学部卒。経済出版社、コンサルティング会社勤務後、ニューヨーク大学スターンスクール留学（MBA）。外資系銀行を経て、2002年に独立。高確率セールストレーナー、コーチ養成機関・CTIジャパンリーダーを務めた。

現在はトレスペクト経営教育研究所代表。速読と記憶術を活用した試験勉強法に関する講座・個別指導を行うほか、個人に対するコーチングや、聴き方・読み方をベースにした企業研修を行っている。情報サイト・オールアバウト「記憶術」ガイド。

主な著書に『使える英語は「読む」から身につく 英語楽読法』（大和書房）、『なるほど！ 合格勉強術』（実務教育出版）、『「1分スピード記憶」勉強法』（三笠書房）、『合格（ウカ）る技術』（すばる舎）、『速読勉強術』（PHP文庫）など多数。

だいわ文庫

どんな本《ほん》でも大量《たいりょう》に読《よ》める「速読《そくどく》」の本《ほん》

著者　宇《う》都《つ》出《で》雅巳《まさみ》

二〇一四年四月一五日第一刷発行
二〇二一年七月一五日第九刷発行

発行者　佐藤 靖
発行所　大和《だいわ》書房
東京都文京区関口一－三三－四 〒一一二－〇〇一四
電話 〇三－三二〇三－四五一一

装幀者　鈴木成一デザイン室
本文デザイン　吉村朋子
図版　朝日メディアインターナショナル
本文印刷　厚徳社
カバー印刷　山一印刷
製本　小泉製本

ISBN978-4-479-30480-7
乱丁本・落丁本はお取り替えいたします。
http://www.daiwashobo.co.jp